地形で読む日本
都・城・町は、なぜそこにできたのか

金田章裕

日経プレミアシリーズ

はじめに

幕末の倒幕と明治維新の主力となったのが、「薩長土肥」の四藩だったことはよく知られている。島津氏の薩摩藩と毛利氏の長州藩、そして山内氏の土佐藩と鍋島氏の佐賀（肥前）藩だった。この四藩はいずれも、徳川幕府と近い親藩や譜代大名ではなく、外様大名だ。領地も九州や四国あるいは本州西端といった、幕府所在地の江戸から最も遠い遠隔地にあった。

四藩が外様大名だったことは、徳川政権の成立に際して敵対勢力だったり、非協力だったりするなど、それぞれの歴史的背景を背負っていたことに関わるだろう。

さらに、江戸から離れた領地もこれに関わる面がある。とりわけ幕末の激動の時期、これら四藩出身のきわめて多くの人々が活躍したことには注目される。非常に多いので異論もあろうが、各藩出身者から象徴的に一人ずつあげるとすれば、薩摩の西郷隆盛、長州の木戸孝允（桂小五郎）、土佐の坂本龍馬、佐賀の江藤新平だろうか。

しかし外様大名であることや、これらの人物の活躍だけが、倒幕・明治維新の推進力となった理由ではない。大きな理由はほかにもあると思われる。

地図を広げてみたい。この四藩の位置の共通性は、江戸から離れた遠隔地だったことに加え、いずれも海に面していることだ。島国の日本で、多くの地域が海に臨んでいること自体は珍しくはないが、幕末の時期においてはこの共通性に大きな意味が加わった。

薩摩藩は城下の鹿児島が錦江湾に臨み、また藩内の坊津が直接東シナ海に開いているだけでなく、琉球とも貿易を行い、西欧近代技術の導入が可能だった。藩主島津斉彬は集成館（現尚古集成館）を設置して反射炉・溶鉱炉・蒸気船などを建造し、近代化の先駆だった。

長州藩は西廻り航路の拠点だった下関（赤間（馬）関、馬関とも）を擁し、さらに城下の萩は日本海に、御船手組（水軍）の拠点を置いた三田尻（防府）は瀬戸内海に臨んでいた。下関は、文久三年（一八六三）の下関事件はじめ、元治元年（一八六四）に英・仏・蘭・米の連合軍と戦った下関戦争の舞台でもあり、近代装備の列強との武力抗争における最初の接点でもあった。

土佐藩も直接太平洋に臨んでいるが、脱藩した坂本龍馬は、当時最大の海外窓口だった長崎において活動した。日本最初の商社ともいう「亀山社中」を設置し、それがやがて「海援隊」となった。

有明海に臨む佐賀藩もまた、福岡藩（この四藩に入っていない）とともに長崎警護に当たっていて、文化五年（一八〇八）に英艦船フェートン号が侵入した事件に遭遇するなど、ヨーロッパの動向に実際に接していた。それが、近代技術の導入を進め、日本最初の蒸気船の建造や反射炉の建設などに結び付く契機だったと思われる。

以上はよく知られた状況だろう。鹿児島・下関あるいは長崎が、倒幕・明治維新を推進した四藩における、経済力の獲得あるいは近代化の窓口だったことが理解され、改めて幕末の動向の基盤の一つが知られる。

しかしこの事実は、各藩の歴史的な経緯だけからもたらされたものではない。その背景には各藩の位置や対外交易が絡んでいた。周知の手法だが、地図を読み解いて立地状況を理解し、また地形環境を知ることが、このような理解を導く一つの重要な手がかりとなろう。これは歴史地理学において最初に試みる、いわば初歩的・基礎的な手法だ。

もとより地図には、古地図から現代の地形図に至るまで、さまざまなものがある。しかし、情報が不十分で、測量や表現の技術が未発達な時代の古地図であっても、人々がどのように土地や場所を理解していたのかを、かえって明瞭に読み取ることができる場合がある。また古地図から近代地図へと発達したことにより、地表のいろいろな事象の位置や地形の表現が豊かに、しかも正確になった。

国土をどのように認識してきたのか、なぜしばしば古代の宮や都の位置が遷ったのか。なぜある時は山に、ある時は平地に城郭が築かれたのか。どのようにして城下の町がつくられ、また都市が発達したのか。これらの疑問には、当然さまざまな要因が絡んでいる。

古地図や地形図など、いろいろな地図を読み取り、また地形を観察することによって、この疑問に接近できる場合がある。本書では、位置や地形に注目しつつ私たちがたどってきた歴史を振り返り、その構造と底流の一端に迫りたい。

目次

第　1　章

国土をどのように認識してきたのか

——日本図を読む

古地図とは何か

「古地図（こちず）」とは、文字通り古い時代の地図のことである。しかし、その特徴は他にもある。古地図は、情報や測量技術が不十分だった時期に、世界や国といった広い空間、また国の中の土地の位置やあり方を、どのようにとらえているのかを表現し、伝えようとする貴重な方法だった。

地図とは、通常の言語だけでは表現しきれない対象を描こうとするもので、いわば空間を表現するための言語である。

近代に入って正確な情報が蓄積し、測量技術が次第に発達した。その過程において、通常の言語の文法にあたる、各種の取り決めや基準ができあがった。縮尺や凡例（はんれい）、さらには球面である地球上の大小の土地を、紙などの平面に正確に表現する図法などだ。時期や目的によって精度は異なるが、これらを整えた「近代地図」が作製され始める以前に描かれた各種の地図類の総称が古地図である。

従って古地図は近代地図と違って、縮尺や凡例、表現の対象や方法が明示されていない、近代地図以前のさまざまな地図類を指しているもの、とみることができる。

このうち、縮尺とは実際の土地や空間を何分の一に表現するかといった表現方法で、大縮尺・小縮尺という言い方もある。

例えば一千万分の一図（学校地図帳一頁分の日本地図など）と、一万分の一図や二万五千分の一図（大判の都市図や地形図など）と比べた場合、一千万分の一が小縮尺、一万分の一図や二万五千分の一図が大縮尺と呼ばれる。

古地図の場合は縮尺が不正確で均一ではないから、縮尺も正確に表現できないのが普通だが、何を表現しようとしているかによって、おおよそは近代地図に準じた状況がみられるだろう。

また、凡例とは何をどう表現するかという基準である。この基準に沿った事象はすべて表現されるのが近代地図であるのに対し、古地図は目的の対象だけが表現されていることが多く、それ以外は省略されている。

当然のことだが注意しておきたいのは、古地図とは作製された時点の表現ではなく、近代以後の人々から見た用語ということだ。古地図が作製され使用されていた時期には、例えば日本の古代では、「田図」や「地図」、あるいは単に「図」と表現されていた。

ただし時代が下がると「絵図」と称されるものもあったが、このことには、絵図を取り上げる時に改めて触れる。ここでは古地図の一部に絵図と称されるものが含まれることを確認しよう。

さて、情報や測量技術が不十分な段階における古地図は、不正確と思われているのが普通だ。確かに陸地の形状や縮尺、都市や集落の位置などが不正確に見えることは多い。しかしそれにもかかわらず、地図（ここでいう古地図）を描いたのは、空間の事象や認識を表現しそれを伝えるためだ。客観的でないがゆえに、また不正確であるがゆえに、かえってその時代の人々が空間をどのように認識していたのか、を明確に知ることができる場合がある。

古地図にも、世界や国、小さな地域など、いろいろな空間を描いた多くの種類があるが、まず国や国土を表現した古地図を取り上げる。

古代国家の政策と「行基図」に関わりはあるのか

現存するもっとも早い時期の日本地図は、図1－1の嘉元三年（一三〇五）とされている「日本図」（仁和寺蔵）だ。描かれた形状を見てもすぐに本州とはわからないが、不整形な団子状の輪郭が連なり、それぞれに国名が漢字で記され、カタカナの読みがついている。さらに、例えば「陸奥」には「しらカワノせき（白河の関）」のような名称も記入されている。

左側（図１－１では上）に陸奥国が描かれている。反対側は破損が著しくて読み取れないが、西海道（九州）の一部が右側（下）にあるので、地図は全体として右（上）を南にして描かれていることになる。また赤線の痕跡がみられ、諸国を貫通する官道（古代の都から各国への公式の道）が記入されていたと推定される。

用紙の左端（上）には「日本八道、五幾（畿）五ヶ国、東海道十五ヶ国、東山道八ヶ国、

図1-1　仁和寺蔵「日本図」（嘉元3年（1305）『大地へのまなざし』思文閣出版）

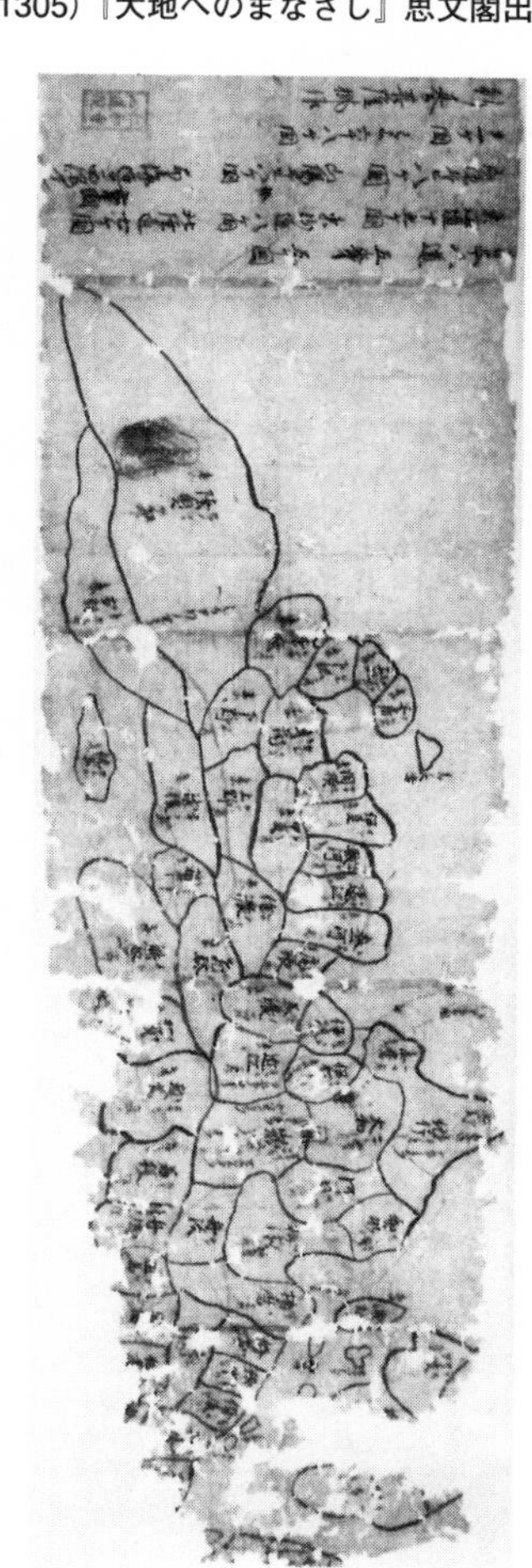

北陸道七ヶ国、山陰道八ヶ国、山陽道八ヶ国、南海道六ヶ国、西海道十一ヶ国、已上六十八ヶ国、行基菩薩御作」と畿内・七道の国数を記し、行基作としている。

行基(ぎょうき)は、『続日本紀』や『東大寺要録』に天平勝宝元年(七四九)二月の遷化(高僧の死去)記録が掲載されている大僧正で、東大寺創建や、狭山池の修築、各地における道沿いの布施屋(旅行者の救護施設)設置などに尽くした高僧だった。

同図には、八世紀前半に活躍した行基の作と記すが、赤線の官道が山城国から派出しているように描いているので、官道網は長岡京・平安京の時期以後の状況を示していることになる。

また、例えば、弘仁一四年(八二三)に越前国から分置された加賀国を描き、国名を記入しているなど、国々の配置や国名も明らかに九世紀以後の状況を描いている。五畿七道の国数も、『延喜式』に記す後世の数と等しい。おそらく行基という八世紀の高僧による、多くの国々にわたる事績に仮託したものだろう。

ところで、地図そのものは現存していないが、八世紀に地図が作製されていたことが知られる記録がある。天平一〇年(七三八)、諸国に「国郡図」の造進を命じていた(『続日本紀』)。しかも、五〇余年後の延暦一五年(七九六)には、以前のものが粗略で古くなったとして、新たに「諸国地図」の作製を指示した（『日本後紀』）ことも知られる。

天平年間の「国郡図」の内容は不明だが、延暦年間の「諸国地図」には、「郡国郷邑（国・郡・郷といった行政単位と集落）、駅道遠近（諸国を貫いた官道の距離）、名山大川（著名な山と大きな川）、形体広狭（平野・行政単位などの位置や広さ）」などを描くことを指示している。

この指示内容ですぐに連想するのは、同じ八世紀に撰上（編述・報告）された『出雲国風土記』の内容だ。例えば意宇（おう）郡の場合、次のように記されている（『日本古典文学大系』の読み下し）。

意宇の郡

合わせて郷は十一、餘部（あまるべ）は一、駅家は三、神戸（かんべ）は三　里は六　なり（中略）

母理（もり）の郷、郡家（こおりのみやけ）の東南のかた三十九里百九十歩なり

（中略）

伯太川、源は仁多（にた）と意宇と二つの郡の堺なる葛野山より出で、北に流れて母理・楯縫（たてぬい）・安木（やすき）の三つの郷を経て、入海に入る

諸国の風土記の撰上がやはり国家の指示のもとに実施されたことからすれば、このような内容が、「国郡図」や「諸国地図」に表現されていたと推察できる。さらに、こうした国別の地図の索引図的な概要図があったとすれば、それが図1－1のような形状となった可能性は高い。ただし、これは推測に過ぎない。

仁和寺蔵日本図に戻る。損傷が多い右端は不明だが、左端に陸奥・出羽両国が描かれ、蝦夷（北海道）の表現はない。「イツ（伊豆）ノ大嶋」や「佐王（渡）」が描かれているので、本州北部周辺の島そのものが全体として省かれているわけではない。『延喜式』の五畿七道の国々にも蝦夷が入っていないことからすれば、蝦夷は古代の国土の認識には入っていなかったのだろう。仁和寺蔵日本図は八世紀のものではないが、古代国家の国土認識と地域政策を強く反映していることになる。

日本図の発達と伝説上の表現の変化

仁和寺蔵日本図と似た地図は「行基図」と称され、近世にいくつも出版され、広く利用された。必ずしも図名を行基図と称していなくても、基本的に類似の表現からなる日本図が数多く流布した。

図1−2は一七世紀中ごろの「扶桑国之図」（伏見屋版、寛文二年（一六六二）刊）である。北を上にして描き、海岸線の出入りの表現はやや装飾的で複雑だが、一見して仁和寺蔵日本図の表現との共通性が高い。ただし、仁和寺蔵日本図よりは日本列島の実際の形状に近づいている。

下部（右側）にある記述は仁和寺蔵日本図よりはるかに詳しく、畿内・七道諸国の国名・石高の記載がある。これに続いて「行基菩薩」のことが記され、さらに長崎から外国への距離が記載されている。

最も大きな違いは、日本の周囲の国々や島々の表現だ。本州の北方に「雁道（かりみち）」が描かれ、「此国之人、形（かたち）人にあらず」と説明されている。北東には「松前」、東に「ゑぞのちしま」、南に「羅刹（らせつ）国」、西南に「琉球」、西北に「朝鮮国」が描かれている。

蝦夷地が松前として登場していることにまず注目したい。松前は、慶長四年（一五九九）に徳川家康に服したとされるので、そのころには松前の情報が伝わっていたものだろう。千島が本州の東に描かれており、また琉球が九州に極めて近い位置である。これらは、全体を紙面に収めるための便宜だった可能性もあるが、千島の名称とともに琉球の存在が知られて

図1-2　「扶桑国之図」（寛文2年（1662）、伏見屋版、
国立国会図書館デジタルコレクション）

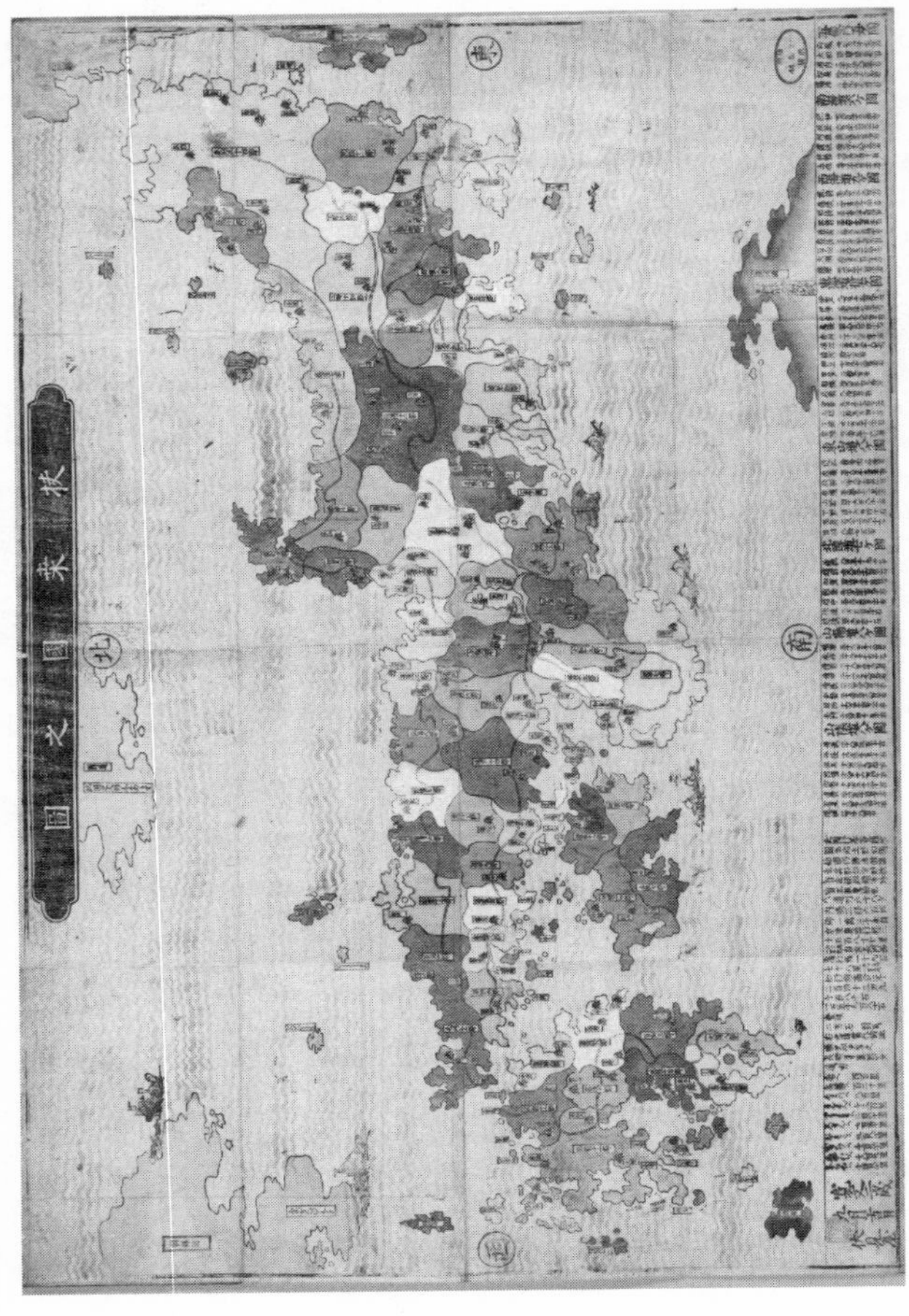

いたことは確かだろう。琉球・朝鮮国も実在であることは言うまでもない。

問題は、雁道と羅刹国だ。雁道について広く検討した青山宏夫によれば、一四世紀作製とされる「称名寺蔵日本図」などに「かりのみち」が、一七世紀の地図に「がんだう」が登場し、やや遅れて「韓唐」が登場する。雁が飛んでくる北方という漠然とした認識が、やがて次第に具体的な情報と結びつく初期の過程と理解できる。

一方の羅刹国は、『今昔物語集（巻五）』（池上洵一編『今昔物語集　天竺・震旦部』岩波文庫）に「僧迦羅五百の商人、共に羅刹国に至れる語」に見える。この僧と商人の一行が「南海に出でて」到達した「大なる島」で、女ばかりで「男一人無し」という女護が島だった。羅刹国は、この伝説上の存在を未知の海上に描いたものである。「扶桑国之図」は、情報が増大した過程を示すとともに、伝説上の認識が、周辺の未知の海域に残存していた状況をも示している。情報の少ない縁辺の表現に、それが混在しているとみられよう。

例えば、少し後の元禄四年（一六九一）に刊行されて版を重ねた、石川流宣「日本海山潮陸図」（相模屋太兵衛版）では、「松前」に「夷狄（蝦夷）」の文字が加えられ、「韓唐」「羅刹国」が描かれているが、同じころの「改正大日本備図　全」（岡田自省軒書、馬淵自藁庵図）では、この架空の二島は姿を消している。

これらの刊行図における日本列島の形状は、行基図的あるいは装飾的形状で、実際とはずいぶん異なっていた。

しかし、安永八年（一七七九）刊の「改正日本輿地路程全図」（長久保赤水作、浅野弥兵衛版）では、一度ごとの経緯線が表現され、「曲尺一寸ヲ以テ道程十里」（約一三〇万分の一）という縮尺も初めて記され、実際の日本列島の形状に極めて近くなっている。近代地図への一歩を踏み出した日本図と言えるかもしれない。しかし蝦夷地は渡島半島先端付近だけが描かれ、九州から離れた琉球はかえって図の外となり、図内から姿を消した。

近世にはこのような各種の日本図が数多く描かれ、出版された。この流れの中において、印刷と携帯の利便性や、装飾性と精度など、いずれが優先されるかによって動向は一定ではないものの、日本図そのものも変化した。全体としては、情報の増大に伴って、日本図の精度が増したことは間違いなく、伝説上あるいは想像上の表現も、次第に日本図の周辺から姿を消した。

地図と絵図は違うのか

古代の国家政策によって作製された地図が、「〇〇地図」や「〇〇図」と呼ばれていたことはすでに述べた。中世にはこのような国家主導の地図は作製されなかったが、江戸時代には、幕府主導によって「絵図」が作製された。

例えば、正保元年（一六四四）の作製要領は「国絵図可仕立覚」であり、元禄一〇年（一六九七）のそれは「国絵図仕立様之覚」であり、「地図」ではなく「国絵図」作製だった。このような「図、地図」と「絵図」は何が違うのだろうか。少し煩雑だが相違の概要を見ておきたい。

南出眞助は「絵図」を「非公式な写図等を絵や図の類という広い意味」で使用したのではないかと推測している。根拠とされた資料はいくつかあるが、絵図という表現が初めて史料に出てくるのは承平二年（九三二）のことだという。

その史料、承平二年の太政官符案（古代国家の中央官司が出した正式な布告の控えあるいは写し、『平安遺文』四五六〇号文書）では、「（天平）勝宝七歳（七五五年）以来の証図に依り」とか、「図籍」「公験（正式に権利を保障した文書）等に任せ」としている。つまり、「証図（四証図とされたのは天平一四年、天平勝宝七歳、宝亀四年、延暦五年の四カ年の田図）」とか「図籍（班田や校田の結果を図で表した班田図・校田図などの田図と、文書の田籍）」を典拠とすべきことを示している。

その一方で同符案では、「絵図を注すと云」といった表現によって、「絵図」の扱いをこれら図籍・証図とは別としていることなどが南出の論拠だ。

やや煩雑な史料が続くが、さらに天平神護二年（七六六）の伊賀国解（伊賀国から上申された文書）の例（『大日本古文書（東大寺寺文書二）』）を取り上げてみたい。

東大寺は、天平勝宝元年（七四九）に田を買い取って寺田とした。それにもかかわらず、九年後の天平宝字二年（七五八）、伊賀国司は、東大寺が買い取った以前（当然、売買結果が反映されていない）の「天平元年（七二九）図」を根拠として寺田を没収したという。

これに対して東大寺が抗議した。その結果、天平神護二年（七六六）になって、天平二〇年（七四八）と天平勝宝六年（七五四）の「校図」の記載にしたがって帳簿を付け替え、改めて東大寺領とした、という経過を述べている。先に列挙したように「校図」は校田図だ。天平元年が「図」、天平二〇年（七四八）と天平勝宝六年（七五四）が「校図」という表現である。

虎尾俊哉によれば、この文書に記載された年次にかかわる班田は、天平元年（七二九）、天平二一年（七四九）、天平勝宝七歳（年、七五五）だったから、その年に正式に班田図が作製され、基本的にその前年が校田図作製の年だった。従って、天平元年図は班田図の年次、校図とされた二カ年分は校田図であり、いずれも正式に作製されたものだろう。問題が発生した原因は、参照した天平元年図が最初の売買以前だったことであった。

実は、校班田図以外にも地図類の存在が知られている。現存する天平宝字二年（七五八）阿波国名方郡「東大寺図入地国司図案」（正倉院宝物）など、「国司図」とでも称すべき、国司の主導によって地図が作製されたと考えられる例がある。

いずれにしろ、一〇世紀には校班田が実施されなくなり、それに伴って校班田図も作製されなくなった。地図類が作製されたとしても、それは校班田にかかわるものではなかった。それを「絵図」と称したのが、先に取り上げた太政官符案の承平二年（九三二）だ。校班田図以外に作製された地図類は、すべて国家の正式なものではなく、その意味で「絵図」だった、と考えられている。

一〇世紀以後、班田収授が実施されなくなり、国家が地図を作製することはなくなった。従って、地図類がつくられても正式な地図ではなく絵図であり、次第に絵図の語が地図類の通称となった可能性が高いと思われる。その流れの中で、中世に数多く作製された荘園の地図類が、荘園絵図と呼ばれたことは必然的な流れだったかもしれない。

要するに、中世には国家的な地図作製が行われなかったので、地図類の名称として「絵図」が一般的に広く使用されたとみられる。近世には、それが背景となって、幕府主導の地図であっても「国絵図」という用語となって使用された、と考えると理解しやすい。

江戸幕府の政策と国絵図の表現

徳川家康は幕府創設の翌年、慶長九年（一六〇四）に伏見城において、諸国の主要大名に「国絵図」と「郷帳（国郡ごとに村名・村高を書き出した台帳）」各三部の調進を命じた。この折に幕府に収納された慶長国絵図は全く残っていないが、大名の国元における控または写が、一〇余カ国分ばかり現存していることが知られている。いずれも豊臣恩顧の大名が多かった西日本のもので、国絵図作製は東日本に及んでいなかったと推定されている。

これら現存の慶長国絵図の表現には国ごとにバラツキがあることが知られているが、慶長国絵図の原本がそうだったのか、写の場合に不必要な事象が省略された結果なのかは不明である。

いずれにしろ基本的に国の輪郭が描かれ（不正確な形状が多い）、主要道と思われる道が表現されている。さらに円ないし楕円の「村形」に村名が記入され、付近に村高（村の石高）が記入されているものが多い。村形は郡ごとに色分けされているが、郡境は表現されている場合も、そうでない場合もある。

寛永一〇年（一六三三）には、幕府が諸国に巡見使を派遣し、「日本六十余州図」（最初の幕府撰日本図）を作製した。同図並びに、巡見使が上納した国絵図の原本は江戸城火災時に焼失しているが、いくつかの大名家に残されている史料から作製過程が推定されている。

この「日本六十余州図」は、巡見使による六つの分担地区によって、表現する内容や程度に差がみられはするが、表現形式がほぼ統一されている。このことから同図の原本は、各巡見使が将軍に提出した国絵図をもとに幕府が編集したものと推定されている。視察準備のために、国絵図提出が各国に求められたことも知られているが、その折の提出図は現存していない。しかし急な提出だったために、慶長国絵図などの既存の国絵図があればそれを写して用いたと、川村博忠は推定している。

この日本六十余州図は寛永日本図とも称され、三系統の写しの存在が知られているが、いずれにも北の蝦夷や南の琉球は描かれていない。蝦夷や琉球が国土あるいは領土の視野に入っていなかったのだろう。

寛永二一年（一六四四）九月には、将軍家光の命によって、大目付井上筑後守政重が中心となり、諸国の国絵図と郷帳および城絵図の徴収事業が始まった。正保に改元後の同年一二月に出されたのが、先にあげた「国絵図可仕立様之覚」であり、三〇カ条以上にわたる詳細な作製要領だった。この折、政重が中心となって「絵図元」を選定した。国持大名が絵図元としてその国を担当したのは当然としても、複数の大名による相持(あいもち)の国も多かった。

この折の国絵図は、完成年に改元されたことから「正保国絵図」と総称される。この正保国絵図において、特に詳細な情報の表現が求められたのは陸海の交通路情報だった。街道であれば道法(みちのり)を六寸一里（約二万一六〇〇分の一）として描くこと、主要道と脇道を区別すること、一里ごとに記号を記入すること、峠や難所の指示、渡河地点での渡河方法や川幅・水深の記入などが求められた。さらに、主要道の冬季における牛馬の通行が困難な場所の情報記入も要請されていた。

また正保国絵図では、彩色も指定され、それまでにはなかった舟路が図示され、湊の状況や他国の湊への海上道法、潮の満ち引きや風向きによる舟路の利用具合など、海運に必要な情報の記入も求めていた。

川村はこれらの要請の背景に、島原の乱の鎮圧に参加した井上政重の経験が反映していたと考えている。そうであれば、水陸の交通路の表現が詳しい正保国絵図は、軍用図の要素を持っていたともいえよう。正保国絵図も原本は失われているが、勘定奉行だった中川忠英(ただてる)による写しが四二カ国分（国立公文書館蔵）残っている。

正保国絵図作製の折にも総図（二回目の幕府撰日本図）が作製された。正保日本図と推定されている国文学研究資料館本「日本総図」では、本州・四国・九州は比較的実態に近く描かれているが、寛永日本図にはなかった蝦夷が楕円状に描かれ、「松前」と記されている。ただし、琉球は描かれていない。

正保国絵図から約半世紀を経た元禄一〇年（一六九七）、綱吉の将軍下において改めて国絵図作製事業が開始された。

この「元禄国絵図」の作製に際しては、正保国絵図が「古国絵図」として各国に貸与された。古国絵図の修正を施すのが目的で、江戸の本郷に絵図小屋を設けて絵図元作製の下絵図の点検・指導を行った。元禄国絵図の大きな特徴は国境の画定と、国境を表現した「縁(へり)絵図（端(はし)絵図、涯(きわ)絵図とも）」の作製を伴ったことである。元禄国絵図は開始後五年で完成し、計八三鋪となった。

この折、図1―3のような「元禄日本総図」（三回目の幕府撰日本図）も編集された。しかし方位の誤認だろうか、例えば四国と中国地方の間の瀬戸内海が、東から西へ半開きの扇子のように広がった形となっている。蝦夷は正保日本図と同様に不整形な楕円状だが、ほぼ

図1-3 「元禄日本総図」
（元禄15年（1702）、明治大学図書館蔵、『国絵図の世界』柏書房）

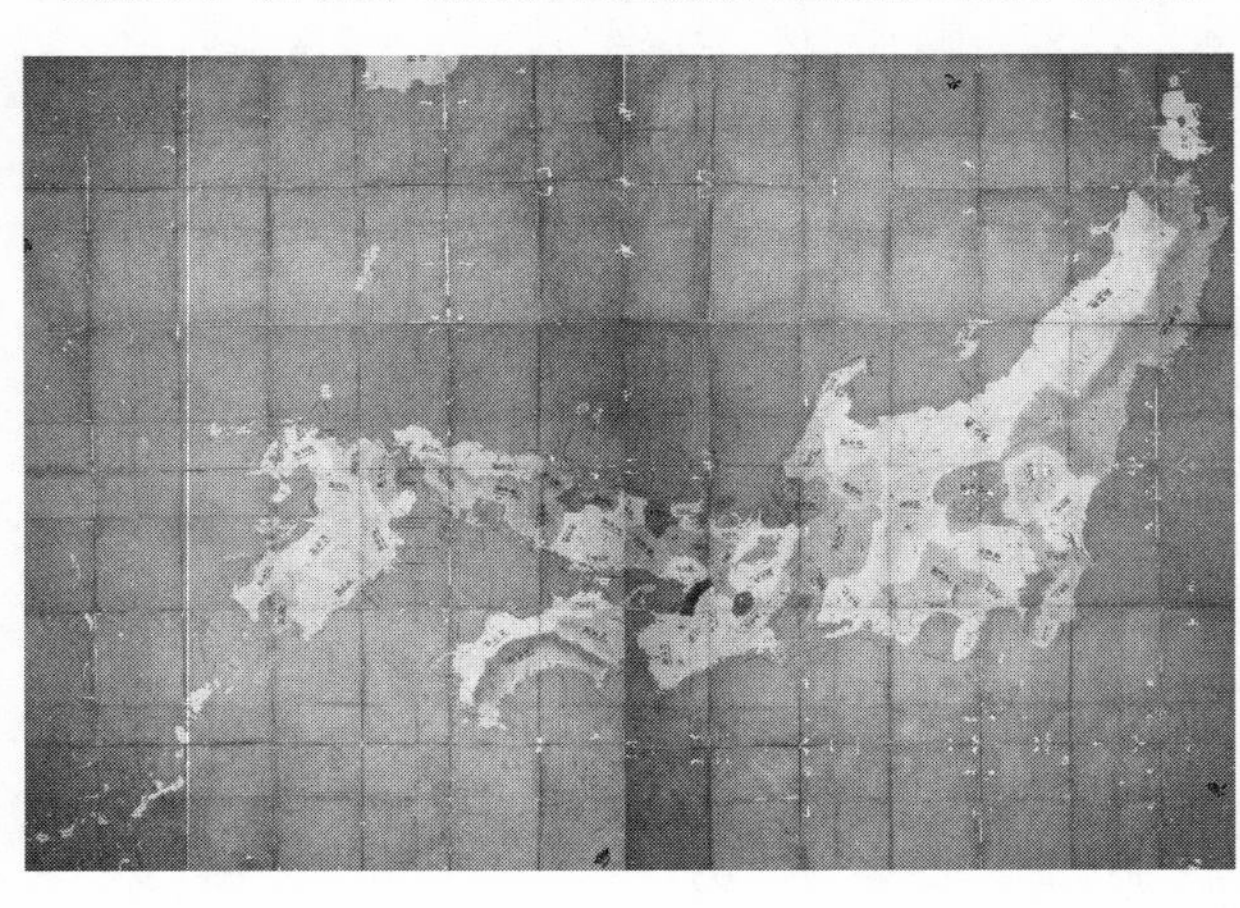

実態に近い琉球と、対馬の北方に朝鮮半島南端が描かれている。

その後享保二年（一七一七）、将軍吉宗の指示によって日本総図（四回目の幕府撰日本図）が編集され、享保日本図が成立した。四国の位置の間違いが訂正されたが、蝦夷の形状は変わらず、琉球は描かれていない。

次いで、天保改革に先立つ天保二年（一八三一）、まず郷帳改定を命じ、その後国絵図改定を命じて同九年に終了した。国絵図改定には、諸国の絵図掛（絵図元）に元禄国絵図を薄紙に写した「切絵図」を渡し、元禄以降の変化を懸紙（かけがみ）によって訂正し、幕府勘定所に提出させた。それを八三鋪の国絵図へと集成して清書し、二部ずつの完成図とした。この折に日本図は編集されなかった。

すでに述べたように慶長国絵図は、関ヶ原の戦い以後における西国の戦後処理が主要目的で、正保国絵図は海陸交通路の把握の意図が強かった。寛永国絵図は幕府派遣の巡見使による直接調査で、元禄国絵図は各国の国境をめぐる紛争処理に際しての領域把握に大きな目的があった。天保国絵図は、新田開発の結果等を含む全国の石高の再確認に主要目的があった。それぞれの国絵図には、それぞれの目的が反映していた。

また寛永日本図は、寛永国絵図とともに、幕府による国土把握の意図があったのだろう。正保日本図には、寛永日本図になかった松前（蝦夷）が、存在を示しただけのような形で登場し、元禄日本図にはそれとともに琉球が描かれた。享保日本図では、蝦夷は大きく変わらないが、再び琉球が描かれていない。幕府による日本図作製の意図と、情報の有無や認識が関わっていたものだろう。

琉球の国絵図

正保日本図に琉球が描かれていなかったことはすでに述べた。しかし、琉球正保国絵図の控が薩摩藩の史料（東京大学史料編纂所蔵島津家文書）に残されている。同図は、鹿児島の鶴丸城の火災による焼失以後に、幕府から借覧して作製した写しと考えられている。この存在からすれば、琉球の正保国絵図自体は作製されたとみられる。

慶長一四年（一六〇九）、江戸幕府の対明政策の一環として、薩摩藩が琉球出兵を行い、同一六年に琉球を「附庸国（属国）」とし、同時に奄美諸島を直轄領とした。寛永一一年（一六三四）には琉球の日中両属（当時の中国の明（一六五四年から清）から冊封を受けた）が確定し、薩摩藩は琉球国王を琉球国司に任じた。これによって、琉球使節の「江戸上り」と称する江戸参府の慶賀行事が始まった。

薩摩藩が琉球を属国としてから最初の国絵図作製は、正保初年に薩摩藩を絵図元として始まった。藩から琉球に派遣された「筆者・算者・絵描」などの技術者により、いくつもの「絵図帳」（調査資料）が作製され、それらをもとに鹿児島において国絵図が調整されたという。縮尺六寸一里（約二万一六〇〇分の一）「琉球国絵図」「琉球国悪鬼納（おきなわ）絵図」「琉球八山嶋絵図」の三面となっており、島々の位置や形状などの、かなり正確な測量による絵図だった。

元禄の国絵図作成の手順も他国と同様に進められたとみられるが、薩摩藩は江戸の絵図小屋に提出した下絵図改が済むと、多くの場合と異なり、自藩で清絵図を作製した。この折、薩摩・大隅・日向国絵図六枚とともに、琉球国絵図六枚が幕府評定所に提出されたと推定される。しかし、現存する元禄琉球国絵図（国立公文書館蔵）は、「悪鬼納」の用字が改められた「琉球国沖縄島」、および「琉球国大島」「琉球国八重山島」の三鋪である。

天保国絵図も幕府の手順に従って作製されたが、これらのほかにも琉球国については、元禄国絵図をもとに調製された宝暦六年（一七五六）の国絵図三鋪（国立公文書館蔵）などがある。

正保国絵図以来、琉球の国絵図がかなり正確だったことはすでに述べた。正保国絵図一般と同様に、陸路や一里山などの表現、湊の状況や海路の距離、風の影響など、海陸の交通状況の記載が詳しいという特徴を備えていることも指摘されている。さらに、「立神（たてがみ）」はじめ「おかミ山」「おかミ崎」など信仰にかかわる、民俗学的にも興味深い名称が記入されていることが知られている。

このように琉球の国絵図は、正保、元禄、天保に作成され、ほかに宝暦にも作製されたことが知られる。ただし幕府撰日本図には、元禄日本図のみに琉球が描かれ、寛永、正保、享保図などには描かれていないことはすでに述べた。

その理由は明確ではないが、元禄国絵図は「縁絵図」作製にみられるように、国境画定に主目的があったことと関わるかもしれない。それを元にした元禄日本図は、種子島・屋久島を大隅国と同色で表現して同国に属すことを示し、琉球列島を含む奄美大島以南を、別の色彩で表現していることと関連する可能性がある。国境画定（所属する国の明示）にかかわるとみられよう。元禄日本図には蝦夷地も登場することを先に述べたが、その彩色が陸奥国と異なることもまた、類似の目的による表現だったかもしれない。

一方で元禄日本図は、国境画定の目的がありながら、四国付近の表現に実態との大きなずれがあったこともすでに述べた。縁絵図まで作製していながらこのような結果となったのは、明らかに地図作製の技術的な問題に由来するのだろう。

国土認識にはこのような技術的背景が絡んでいる場合があるが、何といっても重要なのは、正確な情報とその量だった。次に述べる蝦夷図の発達はこのことをよく示している。

蝦夷地の探検と蝦夷図

幕府撰元禄日本図に描かれた蝦夷地の形状は楕円形に近く、「松前」と記されていることはすでに述べた。船越昭生によれば、正保の国絵図作製の際には松前藩も蝦夷図を上呈したが、この正保国絵図も残っていない。蝦夷地の元禄国絵図は、正保国絵図を潤色したものとされるが（『松前志』）、これも関東大震災で失われた。ただし、芦田伊人作製による一〇分の一の縮小図があり、正保国絵図の旧態を察することができる。

これには、楕円形の蝦夷地北方に、全体が正方形に近い形状の「からふと」が描かれ、南側には二つの湾入が存在する。また東方には、千島列島に相当する、やや大きな「クナシリ」など三四の島嶼群が描かれている。

船越はさらに、蝦夷地の表現の特徴を次のように要約している。まず、蝦夷地南岸の中央付近に松前が記され、東南に突出した「エサシ岬」が表現されている。また、中央に大きな「沼」と、そこから北西へ流出する石狩川が描かれて、この沼の東南方にも二つの小さな沼が連なり、川によってさらに東南方の海に続いている、と。確かにこの蝦夷地の形状は、幕府撰元禄日本図（図1－3）における表現に近い。

ところが、この一八世紀初め頃に調製された元禄日本図からほどない、正徳三年（一七一三）刊の『和漢三才図会』には、これと全く異なった「蝦夷之図」が収載されている。この蝦夷地の形状は、「日本津軽地内」と記された陸地の北に、外形は凹凸が著しいものの、全体が南北に延びる大きな島として描かれている。

しかも、このような蝦夷地の形状は、林子平「三国通覧輿地路程全図」(天明五年（一七八五）刊）にも登場する。図1－4のように、本州と同じ彩色の松前の北に続く「蝦夷国」は、南北に延びる陸地として描かれ、しかも本州より大きい。この蝦夷国の東には「クナジリ」「エドロフ」が大きな島として、周囲の島嶼群とともに表現されている。なお、蝦夷国北端の西北には、大陸に続く「カラフト嶋」が描かれている。

船越は、先に紹介した記述に続き、林子平の蝦夷地の形状をヨーロッパ図の影響とみる可能性を述べている。いずれにしても、当時の各種の情報を反映したものだろう。

なお同図には、南に「小笠原島」「琉球国」等の位置や、それらと本州間、および大陸間などとの距離も記している。

さて、著者の林子平（一七三八－一七九三）は、元仙台藩士で、寛政の三奇人の一人と呼ばれた警世家だった。全国各地を訪ね、長崎遊学も経験した。『三国通覧図説』においては日本周辺の地理を述べるとともに、ロシアの南下に備えるために蝦夷地開拓を説いた。その後『海国兵談』を出版し、海防の必要を説いたが、いずれも幕府から発禁処分を受け、仙台で蟄居させられて死亡した。

この時期、実際に寛政四年（一七九二）、ロシア使節ラックスマンが通商を要請し、文化

図1-4　林子平「三国通覧輿地路程全図」
（天明5年（1785）刊、『日本古地図大成』柏書房）

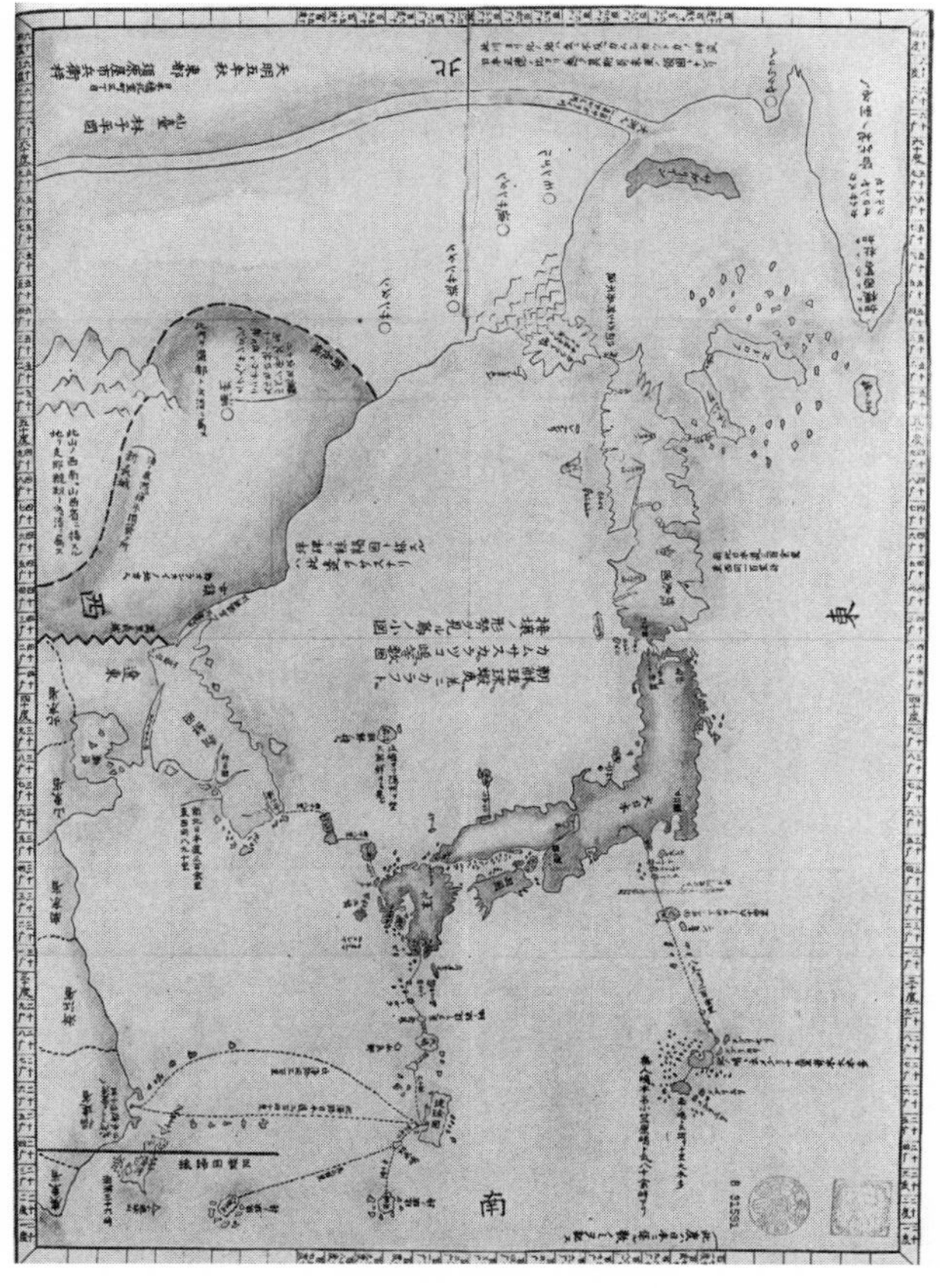

元年（一八〇四）にはレザノフが再度交易を求めて来航した。

一方、最上徳内は、「三国通覧輿地路程全図」が刊行された天明五年（一七八五）に、幕府の調査隊に随行したのを始め、蝦夷地・千島・「からふと」へ渡航し、調査を行った。寛政二年（一七九〇）には「蝦夷地図」（『蝦夷風俗人情之沙汰』所収）を完成した。この図は一部に欠陥はあるものの、蝦夷地・クナシリ・エトロフおよび千島列島・「唐太（からふと）」を描き、幕府撰元禄日本図などと違った、全く新たな地図だった。

また、徳内の調査に基づく資料によって、彼の師だった本多利明が作製した「蝦夷全図」は、後にヨーロッパで高い評価を得たとされる。

江戸幕府にとっても、北辺の調査は急務だった。徳内とともにエトロフへ同行した近藤重蔵も「蝦夷地図式」乾・坤（一八〇二・一八〇〇年）、『辺要分界図考』（一八〇四）を描いている。このような調査を経て蝦夷地の実態・情報が知られてきた結果、北辺図はかなり正確となった。しかし、例えば間宮海峡の状況は、文化五年（一八〇八）から実施された、間宮林蔵の第二次樺太探検の結果を待たねばならなかった。

ヨーロッパから見た日本の位置と形状

一五世紀の終わり頃、コロンブスが参照したというマルティン・ベハイムの地球儀には、マルコ・ポーロのいわゆる東方見聞録が伝えた「Cipangu（日本）」が描かれていた。ただし、その位置や形は実態とは大きくかけ離れていた。このころから、日本についての伝聞がいろいろな形でヨーロッパへも伝わったようであり、いくつもの地図に表現されたが、位置や形状は多様だった。

室賀信夫は、日本を表現した代表的な形を、作者・刊行者などの名前をとってメルカトール型、オーメン型、ヴェリュ型、ドゥラード型と分類している。

メルカトール型は、後にメルカトールの世界図（一五六九年刊）に取り入れられたことから名づけられた類型だ。祖型はローマのヴァリセリアナ図書館にある作者不明のポルトガル製世界図（一五四五〜一五五〇年刊）とされ、中央の比較的大きな島（日本を標記）から北方（日本列島か）と西南方へと連なる小島群（西南諸島か）が表現されている。

やや後の一五七〇年に初版が出版されたオルテリウスの『世界の舞台』と題する世界地図帳（以下『オルテリウス地図帳』と表現、四十数版を重ね、七カ国語で刊行された）に含まれる日本図の場合は、図1－5のように日本列島と認められる形状である（室賀は、別にテイシェイラ型と呼ぶ）。大きな島に「IAPONIA（日本）」と記され、西南の島（九州）には「BVNGO（豊後）」と記入されており、本州・九州間の東西に長い島には「TONSA（土佐）」と記され四国を意味している。

オーメン型は、一五五四年にロボ・オーメンが作製した世界図が典型である。中国の北東部沿岸に朝鮮半島らしき海を挟んだ二つの突起が描かれ、その南に海を介して島嶼群があり、さらに東方海上にも多くの装飾的な島嶼群が表現されているとされる。半島南部の島嶼群と、東方海上の「ファンタスティック（室賀の表現）」な姿の島嶼群は、別々の情報に基づく日本列島の表現だという。

ヴェリュ型は、バルトロメウ・ヴェリュの一五六一年の世界図が典型である。先に述べた行基図のような形状を、東北日本を北にして描いている。

ドゥラード型は、一五六三年のラザロ・ルイスに始まるとされる。紀伊半島以西の西日本を描き、東日本を欠如した地図である。類型の名称は、一五六八年以来フェルナン・ヴァス・ドラードが繰り返して描いたことにより、また多くの世界図に取り入れられたことによるとされる。一六五〇年のニコラ・サンソン（サンソン図法の創始者）作アジア図の日本も

図1-5　『オルテリウス地図帳』の日本
（1595年版、『日本古地図大成』講談社）

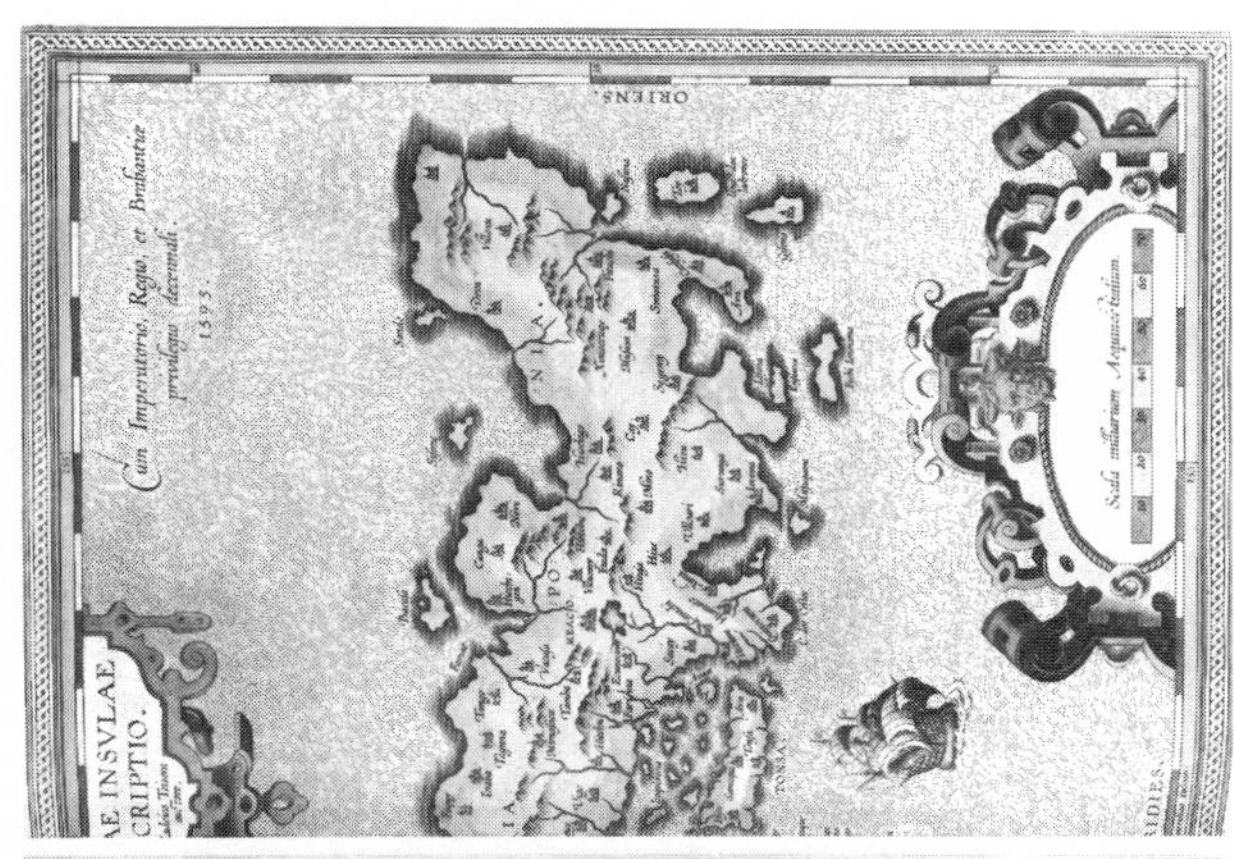

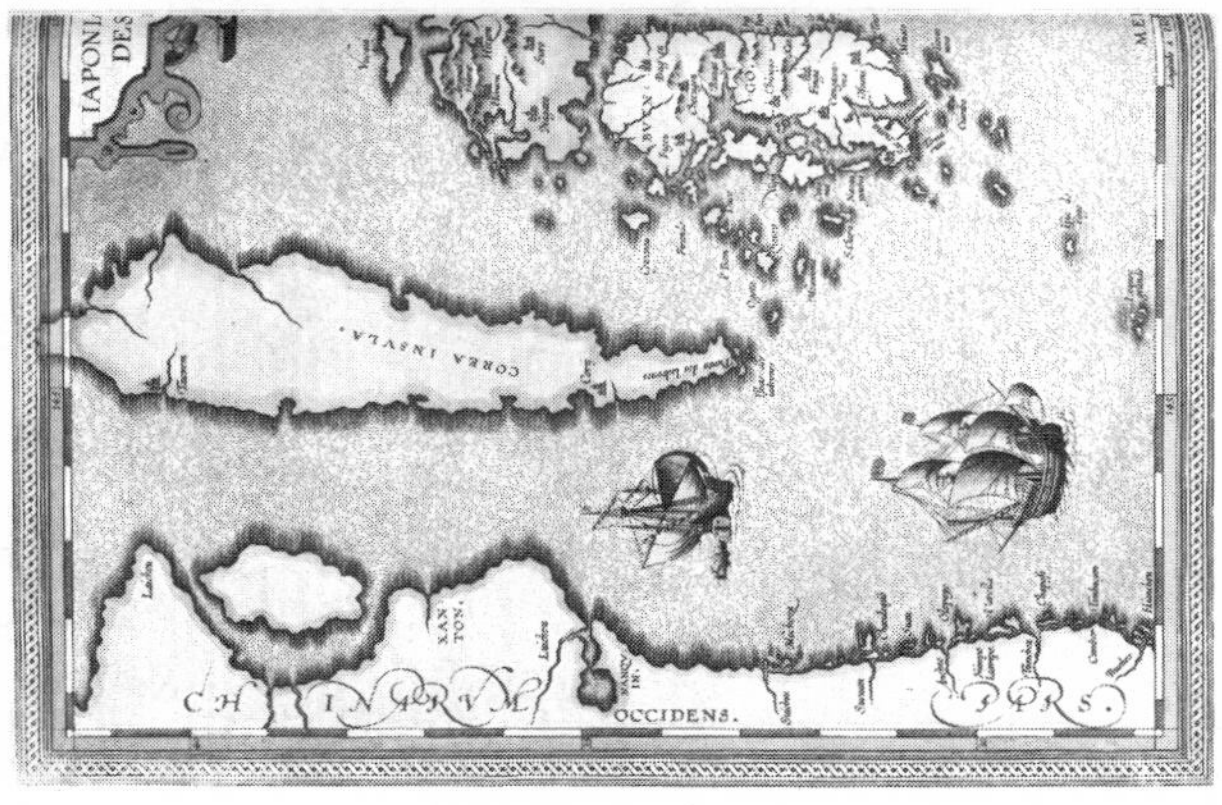

この形状だが、関東地方付近まで表現されている。

これらのヨーロッパ図の由来や表現が意味するところの全体像は、室賀や織田武雄の著作に詳しい。

ここでは大分市へ行くと誰でも見ることのできる、JR大分駅前広場の舗装面の拡大図を紹介したい（図1－6）。オランダのペトルス・プランシウス（一五五二～一六二二）による、一五九四年刊の「プランシウス世界図」であり、室賀のいうテイシェイラ型の日本列島（図1－5）と類似しているが、もっと素朴な形状の日本列島を描いている。

北から南へ細長く突き出した朝鮮半島の東南部に三つの楕円に近い（装飾的凹凸が多い）島が描かれ、IAPAN（日本）、XICOCA INS（四国島）、XIMA INS（九州島）と記されている。日本（本州）の東部中央にMeacum（都）、北側にAmagucho（山口）とAquita（秋田）が、九州にはBungo（豊後）とSaßuma（薩摩）が記され、さらに南にはLequejo major（大琉球）が描かれている。

これらの標記が、仮に一六世紀中頃までの時期の情報によるとすれば、この図に記入された京都は当時、朝廷と室町幕府の所在地である。それ以外の各地には守護大名あるいはそのクラスの有力者が割拠し、交易を展開した。大内氏の山口（代表的海港は「赤間関（下関

図1-6 「プランシウス世界図」の日本（1594年）

市）」）、秋田（安藤）氏の秋田郡（「土崎湊（秋田湊とも、秋田市）」）、大友氏の豊後（「府内（大分市）」）、島津氏の薩摩（「坊津」および鹿児島湾の「内田浦・戸柱」）などは、ヨーロッパの地図作製者たちへと、何らかの形で情報が達していたものだろう。

これらのヨーロッパ製世界図の中の日本列島は、情報の質と量の増加によって次第に精度を増していったことが指摘されているが、それとともにプランシウス世界図に記入された地名のように、都と、中世末・近世初頭に有力な海港があった地域の名称が記されていることに注目しておきたい。これらは、ヨーロッパ人が訪れた、あるいは交易対象地としてヨーロッパ人に知られた地域でもあろう。

表紙カバーは、これより少し後のメルカトール－ホンディウス版の日本図（一六三〇年刊）である。

これらと異なる系譜の地図もあった。「坤輿（こんよ）万国全図」（一六〇二年刊、東北大学附属図書館狩野文庫）である。刊行後ほどなく日本にもたらされ、日本における世界の認識や地理的知識に大きな影響を及ぼした。作者はイタリア人のイエズス会宣教師マテオ・リッチ（一五五二～一六一〇）で、中国への伝道を担って各地を訪れ、同図を北京で刊行した。ヨーロッパ製の世界図を基礎として、地名を漢字表記としたものだった。例えば、南極付近に描かれた巨大な未知の大陸の表現も含めて、当時のヨーロッパにおける認識を反映したものだった。

ただ、坤輿万国全図の日本付近の表現は中国での情報によったものだろうか、位置と大きさを除けば、形状は先に述べた四類型よりは実態に近い。本州・四国・九州に近い形状の島々が、朝鮮半島とシベリアの間に「日本海」を介して存在する様子を描いている。しかも島々には、日本古代以来の七道の名称と国名が記入されている。

ところが、これらの地名の位置が大きく混乱している。例えば本州の北側には横長の島が描かれ、位置からすれば蝦夷を示していると思われるが、記入されているのは「佐渡、北陸道、能登、越中後（越中・越後）、加賀」だ。これらは、北陸道とその諸国名であり、島としては佐渡との混同ともみられる。

一七世紀初頭は、先に述べたように日本でも蝦夷地の情報は極めて少なかった。坤輿万国全図における日本の形状は、ある程度当時の認識を反映しているかもしれない。しかし、位置と名称の情報が別々に入ったのだろうか、地名の位置について、混乱の度は極めて大きい。

南方探検の進展、ヨーロッパ図との融合

坤輿万国全図には、南半球に巨大な未知の大陸（「墨瓦蠟泥加（メガラニカ）」）が描かれている。この表現は、とりわけ目立った特徴だが、ヨーロッパの世界図にしばしば描かれていた未知の陸地である。

ローマのプトレマイオス図の南辺に描かれていた「Terra Incognita（未知の大陸）」に由

来する「南の未知の大陸」、あるいは「Terra Australis（南方大陸）」などと表現された大陸が、当時の多くの世界図に描かれていた。

ヨーロッパではその真偽が問題ともされ、一六四二年にヴァンディーメンズランド（タスマニア島）を発見したオランダ東インド会社のタスマンや、一六六七年に新オランダ（オーストラリア大陸）を測量したイギリスのクックも、探検航海の一つの目的として、この南方大陸が存在するか否かの調査を命ぜられていた。

このようにして世界の探検航海が進み、イギリスのアーロン・アロウスミスは、一七九〇年にメルカトール図法による大型の世界地図を刊行し、その後、少なくとも一六種の修正版が刊行され、広く利用された。

これよりやや後、伊能忠敬（一七四五〜一八一八）は、寛政一二年（一八〇〇）から文化一三年（一八一六）にかけて日本の沿岸を測量し、近代地図に近い精度の「大日本沿海輿地全図」を完成させたことはよく知られている。日本の北辺についても、すでに述べた北方探検・測量の成果もあって、ほぼ全貌が明らかとなった。

忠敬は、幕府天文方の高橋至時の指導を受けていたが、文化元年（一八〇四）に長男の景保（一七八五〜一八二九）が跡を継いで天文方となり、忠敬の事業の全面的支援に当たった。高橋景保は文政一一年（一八二八）のシーボルト事件に巻き込まれて獄死したことはよく知られているが、景保が作製した「新訂万国全図」に、ここでは注目したい。

「新訂万国全図」には、文化七年（一八一〇）完成の手書き本（内閣文庫蔵）と、それを銅版印刷にした刊本があるが、内容は同一だ。景保は参照した資料等を比較検討して、まさしく「新訂」の「万国全図」を作製したことになる。

景保は別に『北夷考証』を著し、「アルロウスミット」の「新製輿地図」を参照したことを記しているが、その版の刊行年を探索・検討した船越昭生は、一七九九年ごろ発刊のアロースミス図と特定した。一方、景保はすでにアロースミス図における日本北方一帯が不正確であることを記し、日本の北方探検調査の成果によってこれを訂正した。従って新訂万国全図は、刊行時には世界最新の世界図だったことになる。

ただし、すべてが最新というわけではない。新訂万国全図の表現の詳細をたどると、景保による比較検討の過程と、記載の採用基準を推定することができる。例えばアロースミス図のカーペンタリア湾（オーストラリア北部）にはほとんど地名がないが、新訂万国全図には一〇カ所以上の記入があり、北アメリカとグリーンランドとの間にもアロースミス図にはない島々が描かれている。いずれも、アロースミス図以前に描かれたタスマンの地図やクックの地図などに拠ったものとみられ、景保の考証は、詳細とみられる記載（記載が多い地図）の方を採用しているようだ。

また景保は、アロースミス図の英語のスペルをオランダ語的に読み、それを日本語に置き換えているので、その過程でも細かな問題が生じている。

しかし新訂万国全図によって、ヨーロッパ製の世界図と、日本製の地図の融合がなされたことは確かであり、日本における世界認識も大きく前進したことになる。

日本図に描かれたもの

これまで述べてきたように、行基図の系統の日本図は、基本的に都（京）から派出する官道（近世の日本図は江戸から派出する五街道）と、五畿七道の国々の位置と名称（近世には石高も）が国土認識の基準だった。それに蝦夷と沖縄が曲折を経つつも加わったこともすでに述べた。

ところが、一六世紀ごろのヨーロッパ系の日本図には、これと異なった認識が表現されている場合がある。例えば、一五九四年刊の「プランシウス世界図」の日本列島は、北から南へ細長く突き出した朝鮮半島の東南部に三つの楕円（海岸線は屈曲）に近い島として描かれていることをすでに紹介した。

同図に記入されている名称・地名が、すでに述べたようにイアパン（本州）、シコカ（四国）島、シマ（九州）島であり、行基図のように五畿七道の国名ではない。また五畿七道の国々ではなく、本州にメアクーム（都）、アマーグチョ（山口）、アキタ（秋田）が、九州には国名と共通するブンゴ（豊後）とサスマ（薩摩）が記され、さらに南にはレキーヨ・マヨール（大琉球）が描かれている。

一六世紀中ごろの都（京）は朝廷と室町幕府の所在地であり、確かに日本の中心だった。織田信長が支配したころには、何人もの宣教師が訪れた地でもあった。

さらに、山口（大内氏）・秋田（秋田（安藤）氏）・豊後（大友氏）・薩摩（島津氏）が同図に記載されているのは、すでに述べたように別の理由だった。いずれも、守護大名（室町幕府による任国の統治者）あるいはそのクラスの有力者（秋田氏は戦国大名となる）が割拠した地だった。とりわけ積極的に海外交易を展開した地であり、中にはキリシタン大名となった場合もあった。

守護大名は、任国に居館（守護所）を構えて海外交易を展開していた。大内氏の山口、大友氏の豊後府内については改めて述べるが、秋田氏は前身の安藤氏の十三湊以来、島津氏も古代の坊津以来、海外交易の拠点を保有した。

琉球（尚氏）は状況が異なり、当時は別の国だったが、海外交易を広く展開したことは同様だった。

このようなプランシウス図とは異なり、翌年刊行された『オルテリウス地図帳』（一五九五年版）の日本図（図1－5、テイシェイラ作）では、日本列島の形状がはるかに詳細となり、ナガトなどの国名や、サカイなどの都市名の標記も多い。

ヨーロッパ系日本図の形状や国名、守護大名や戦国大名の所在地などは情報の質と量によるものだろうが、やはりその選択は作製者の関心によるものだろう。

近世に入るが、例えば「プリエ」の日本図（一六五〇年頃刊）では、瀬戸内海から都（Meaco）の近く、若狭（Vacasa）と近江（Vomi）まで湾入が延びており、琵琶湖を含んで一連の内海として描かれているとみられる。さらに、都の近くに伏見（Fuxina）が記入されており、水運によって連絡していることへの関心の反映だろう。

一方、近世の刊行日本図の多くは、先に紹介した「扶桑国之図」のように、行基図系の日本図を基本とした装飾的な図形だった。それらは基本的に、各国の石高と、主要大名の城下町（城と城下の全体）や、一部の港湾都市（境〔堺〕・長崎等）など、陸・海の交通路を表現していた。

これは、初期の行基図以来表現されてきたのが国々の位置と名称で、その次に関心を集める情報が大名とその城下だったことの反映だろう。多くの近世刊行日本図が、城下の位置を目立った記号や文字で記している。近世の大名は基本的に城に居住し、城下に大小の都市を形成した。

日本のなりたち——都と国々、中・近世の城と城下

日本図に描かれてきたのは、いずれも日本を構成していると考えられてきた主要な事象である。日本製・ヨーロッパ製を問わず陸地の形状や表現内容は、情報が正しく、豊かになるとともに、紆余曲折を経つつも実態に近づいてきた。

しかし古地図における表現内容は、情報の質や量のほかに、地図の作製目的や、作製者の関心による、表現対象の選択に大きく左右されていたとみられる。その結果、表現された日本の形状と構造は、地図によって大きく異なることとなった。

それぞれの日本図に表現されたのは、都をはじめ国々の位置と名称、守護大名あるいは戦

国・近世大名の所在地、そしてそれらの城下が主要な対象であったが、港湾都市などのよく知られた町なども標記されていた。これらが日本のなりたち、あるいは構造を示していると思われたものであろう。

これまで取り上げてきた日本図では、都はいずれも京（京都）の地であった。これらの日本図が作製された時点ではその通りである。しかし平安京として京の地に都が建設されるまでに、古代の宮（内裏に相当する御殿）あるいは都（内裏と官衙、並びに貴族・官人および京戸の居住地からなる京域全体）が、しばしば変遷と移動を繰り返したことはよく知られている。

なぜ宮や都は移動したのであろうか。また、なぜ平安京の地が都であり続けたのか。これらは、日本のなりたちや構造にかかわる。

さらに、ヨーロッパ製日本図に登場するような守護大名と、戦国大名や単に大名と呼ばれることが多い近世大名とはどう違うのか。守護大名の居館とはどのような系譜のもので、どのような場所に存在したのであろうか。城と城下が一体となった近世都市は、どのようななりたちであったのであろうか、といった事柄も日本の構造にかかわる。

そもそも、同じく城や城郭と言っても多様である。なぜ、さまざまな条件の場所に、城が築かれたのであろうか。

実はすでに古代日本においても、宮や都のみならず城郭も建設されていた。古代の城郭は、続く中世の山城のような城郭とも、城下と一体となった近世の城郭とも大きく異なっていた。城郭の立地や機能そのものが大きく異なっていたのである。

それぞれの城郭と城下についても、城郭の立地や機能、城郭と城下との関係や構造において大きく変化した。その理由は何であろうか。

次には章を改めて、これらの疑問をめぐって検討を加えてみたい。近代以後の正確な地形図、あるいは実際の地形観察などが、基本的な探究の手掛かりとなろう。

まず第2章において、宮・都の位置や移動の方向、構造の変化とその背景を取り上げたい。

次に、古代・中世の館や城の立地と機能（第3章）、並びに戦国期から近世にかけてのそれらの変遷、および城下との関係（第4章）について検討したい。

加えて第5章において、城や城下を詳細に描いた古地図類や地形図によって、城下や港町など代表的な都市について機能や構造、並びにその変化の底流を探ってみたい。

第　2　章

宮や都を遷したのはなぜか

ことが多い。

「内陸の宮」と「臨海の宮」

中国の史書には、古代日本が「倭」と表現され、その支配者だった天皇は王と表現されることが多い。

「倭国王」は、すでに古墳時代からの記録に見える。中国の正史とされる史書の一つ『宋書』（沈約修訂）には、「夷蛮」巻に「倭国」の項があり、高祖武帝の永初二年（四二一）から順帝の昇明二年（四七八）の間、「倭の讃、弟の珍、倭国王の済、倭王世子の興、弟の武」による遣使派遣の記事がある（藤堂明保・竹田晃・影山輝國〈訳注〉『倭国伝　中国正史に描かれた日本』）。

この「讃、珍、済、興、武」とされた王が、「倭の五王」と総称されていることはよく知られている。

遣使の主目的は、例えば珍・済・興が授けられた「安東将軍倭国王」のように、支配権の承認を求めることにあった。済の遣使の際には、このほかに有力者合わせて二三人に対して、「軍・郡」（将軍・郡長官）が叙されたことも記されている。

倭の五王は、『日本書紀』や『古事記』に記された「応神または仁徳、反正、允恭、安康、雄略」の各天皇にそれぞれ当てるのが一般的である。

ここで、「王」と「天皇」の語をいずれも使用したが、本書は王制論が目的ではないので、以下においても基本的に引用史料に用いられている語を使用する。

さて、讃に擬せられている応神天皇は、新羅遠征の帰途に筑紫で生まれたとされ、陵墓「恵我藻伏崗陵（『延喜式』）」が応神天皇陵古墳（誉田御廟山古墳とも、大阪府羽曳野市）とされる。

「宮（みや）」は五世紀中ごろから六世紀前半には実在した、儀式と政治の中枢施設（内裏に相当する御殿）である。応神天皇の宮は「軽嶋豊明宮」（倉野憲司校注『古事記』、以下同様。軽は奈良県橿原市に地名がある）だが、『日本書紀』（坂本太郎ほか編『日本書紀　上』、下巻を含め以下同様）には、行宮（あんぐう）（旅先の仮宮）の「難波大隅宮」（大隅神社が大阪市東淀川区にあった）を営んだと記される。さらに、治世中に百済、高麗や新羅とのさまざまな外交、人の行き来があったことも記されている。

一方、やはり讃に擬せられることがある仁徳天皇の陵墓「百舌鳥耳原中陵（『延喜式』）」は、大仙陵古墳（大阪府堺市）とされる。宮は「難波高津宮」（『日本書紀』、大阪市東区か、高津宮神社（大阪市天王寺区）付近との説もある）とされる。

つまり仁徳と応神の両天皇とも、難波の上町（うえまち）台地付近に宮を構えていた。上町台地とその周辺は、図2－1のように大阪湾と河内平野中央部の池沼の間に、北へと突出した台地とその周囲の砂州等からなっており、瀬戸内海を通じて、中国大陸との交流に極めて有利な立地条件だった。

倭の五王のすべてが難波に宮を構えていたかどうかは不明だが、反正は大阪平野南部の「丹比柴籬宮（たじひしばがきのみや）」に、允恭は「遠飛鳥宮（とおつあすかのみや）」つまり奈良盆地南部に、安康は奈良盆地東部の「石上穴穂宮（いそのかみあなほのみや）」、雄略は奈良盆地東南方の「泊瀬（はせ）朝倉宮」に、それぞれ宮を構えつつ対外交渉を進めていた（『日本書紀』）。

この時期、大阪平野南部や奈良盆地に諸宮を構えた天皇は、ほかに少なくとも何らかの拠点を難波に構えていた可能性があろう。臨海の難波が有する外交上の重要性は、直木孝次郎はじめ多くの研究者によって多角的に論じられている。

仁藤敦史は、「倭京」（飛鳥諸宮）を政権の「分節的」な中枢、難波の諸宮を外交儀礼優先の施設とみている。分節的な中枢とは、簡略に表現すれば後の都城（とじょう）のように中枢機能の全体を集中していない状況である。

仁藤の主旨は、具体的には天皇の飛鳥諸宮とは別に有力豪族の住居が、後の河内・大和に

図2-1　大阪湾周辺の地形環境と難波宮
（日下雅義『地形から見た歴史』、講談社）

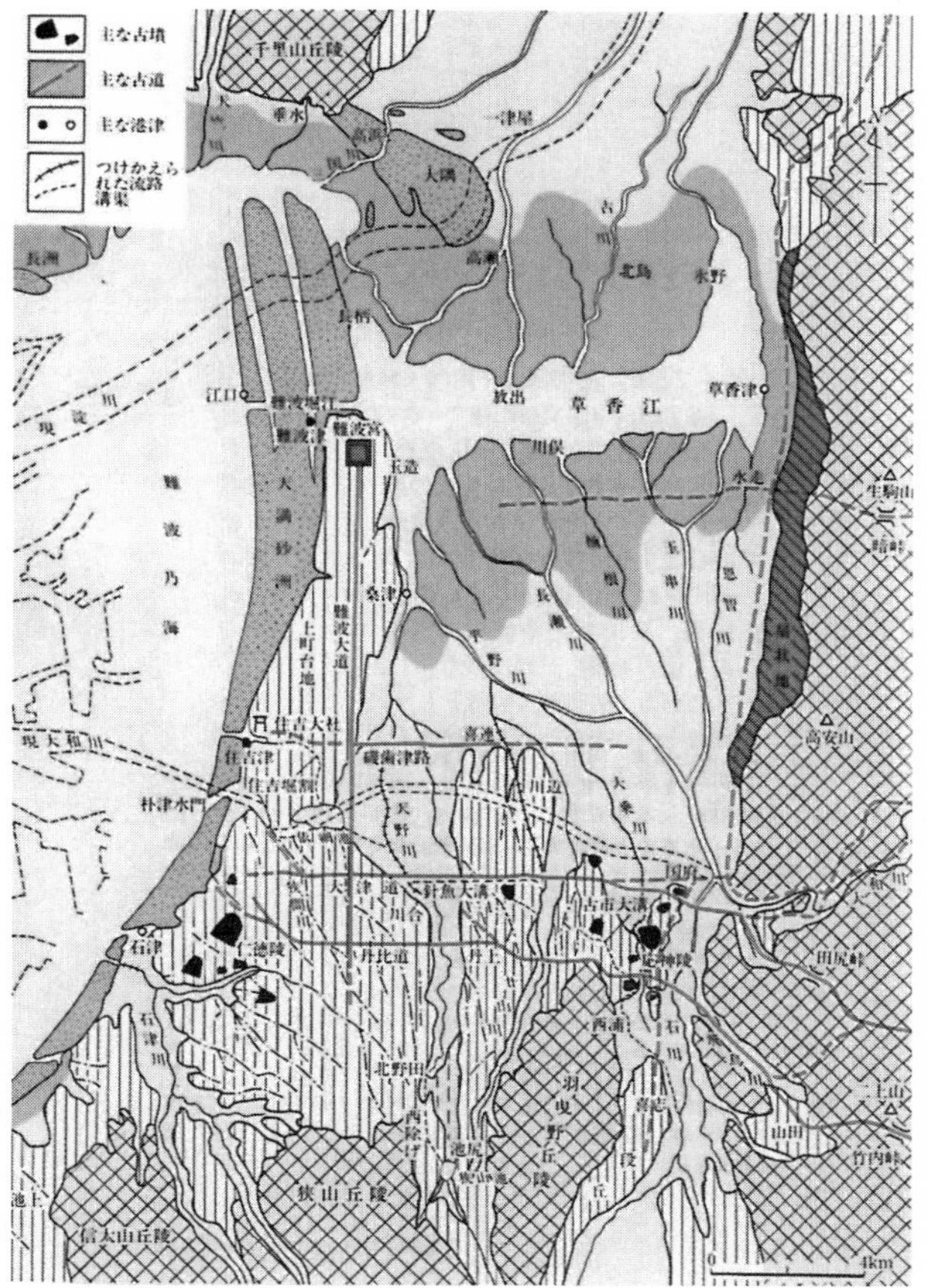

おける、それぞれの存立基盤のある各地に所在した状況を意味する。

これを空間的な位置からみると、この分節的な構造は、まず儀式と政治の中心で、天皇の居所でもあった諸宮と、外交儀礼優先だった難波との並存（時に一致）として現れていた。次いで、天皇の諸宮とは別に残存した有力豪族の居住地の分散だろう。

つまり、宮は中枢機能の中心ではあるが、機能の一部の所在地である。これに対し、後に述べる「都城」は、中枢機能の全体または大部分を集中した都市だった。

以下においては、天皇の諸宮を分節的な中枢（以下、「散在的中枢」と表現したい）を指すものとし、京は機能を集中した中枢とする。都城は中国の都市をモデルとした京の都市計画である。

この意味で、都城の嚆矢（こうし）は藤原京だったが、機能集中が不十分に終わったことを後に改めて述べたい。

飛鳥諸宮と難波宮

まず、飛鳥と難波に宮を営んだ斉明天皇の場合をみてみたい。斉明は、もと舒明天皇の皇后、また孝徳天皇と同母の姉で、後の天智（中大兄皇子）と天武（大海人皇子）の両天皇を産んだ。舒明の没後、即位して皇極天皇となり、孝徳（大化元年（六四五）即位）に譲位した（皇太子は中大兄皇子）が、孝徳没後の六五五年、重祚（一度退位した天子が再び即位すること）して斉明天皇（皇太子は同じ）となった。

『日本書紀』によれば斉明天皇は、「飛鳥板蓋宮」で即位し、小墾田宮建設を意図したが、飛鳥板蓋宮の火災によって「飛鳥川原宮」に遷った。翌二年には、さらに「後飛鳥岡本宮」に遷ったが再び焼失した。

図2-2　7〜8世紀の天皇系図

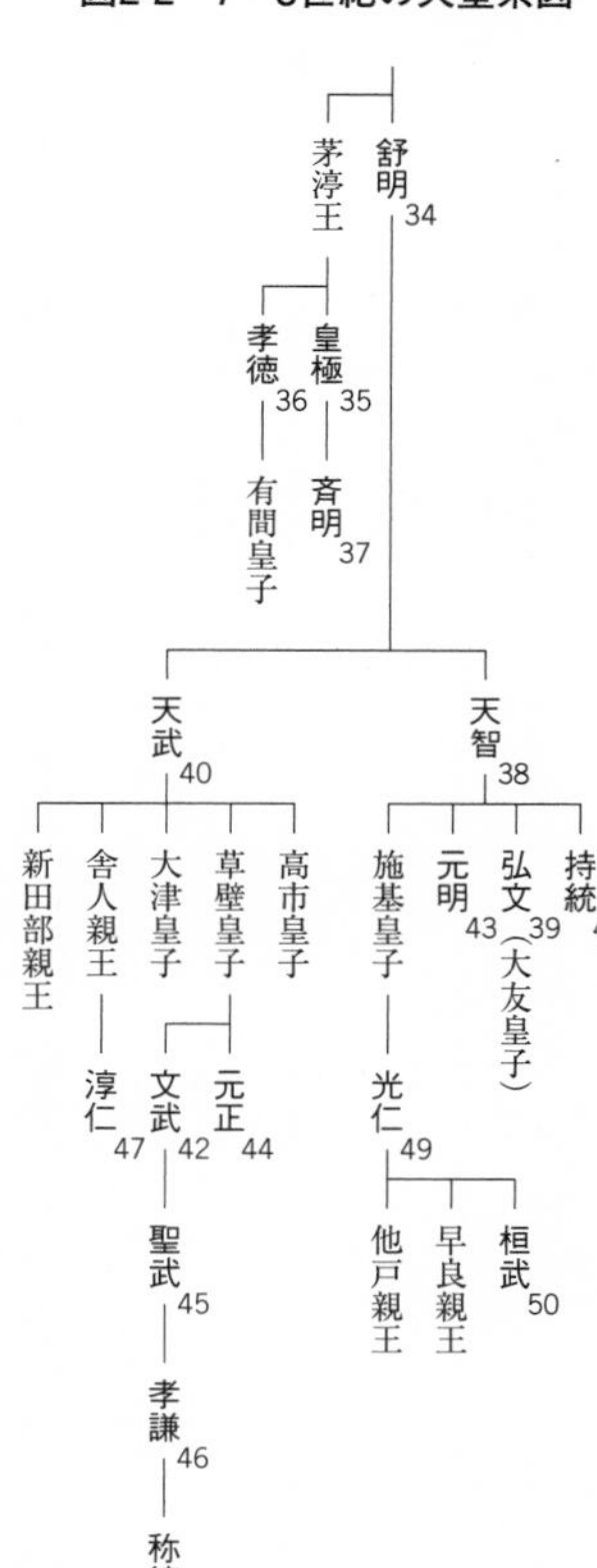

（出所）『岩波日本史辞典』をもとに作成

この間、「蝦夷二百余」が朝献して位を授かったり、阿倍比羅夫が「粛慎（東国の集団か）」を討ったり、ということがあったとする。さらに比羅夫を派遣して「蝦夷国」を討たせ、東国経略が活発化したことも記している。

斉明天皇の行幸も活発だった。目的は多様だが「牟呂湯（紀伊）、紀温湯（紀伊）、平浦（琵琶湖畔）」などの行幸先が記されている。その際、飛鳥の宮には留守司を任じたことも記されている。

大陸との外交・交流も頻繁だった。例えば、斉明二年（六五六）には、高麗、百済、新羅に使を派遣し、同六年五月には、高麗の「使人」が「難波館」を訪れた。同年一二月に天皇は「難波宮」にあった、と記されている（『日本書紀』）。

斉明が皇極天皇だった時代にも「難波津」や「難波郡」が登場するが、斉明は飛鳥に宮を構えつつ、難波をも拠点とし、宮を構えた。

これより先、皇極四年（六四五）に、中大兄皇子と中臣鎌足が中心となって、蘇我氏を滅ぼした乙巳の変が発生した。その後、皇極の譲位を受けて即位した孝徳天皇は、同年（大化元年）一二月、「難波長柄豊碕宮」に「都（宮）」を遷したと記されている（『日本書紀』）。

ただし、白雉元年（六五〇）一二月に、「大郡（難波）」より「新宮（難波長柄豊碕宮と号す）」へ遷るともあり、この年が長柄豊碕宮の完成年とみられている。孝徳の下で、一連のいわゆる大化の改新と、高麗・百済・任那・新羅などへの遣使・外交が進行した。この遷都（宮）は、国内新制度の制定と外交推進の二つの目的を有していたとみられる。

『日本書紀』はまた、大化二年（六四六）の「改新の詔」に、「畿内」が初めて定められたことを記している。この時の畿内は、後のように大和・山城・摂津・河内（後に和泉が分置された）からなる国で示された領域ではなく、四至（しいし）（四方を画する地点）によって画された範囲だった。

記された四至は、東が「名墾横河（なばりよこかは）」、南が「紀伊兄山（せやま）」、西が「明石櫛淵」、北が「近江狭々波合坂山（ささなみのあふさかやま）」だった。後の畿内五カ国の範囲と厳密に合致するわけではないが、確かにそれに近い位置の四至だった。

その中ほどになる上町台地上には、発掘調査によって重複する二つの時期の難波宮跡が検出されている。前期の遺構を難波長柄豊碕宮に、後期の遺構を八世紀の聖武天皇の難波宮とみなす見解が一般的だ。その位置を中心とすれば、四至として記された地点は、地図上で確認すると半径五〇キロメートルの円の外周付近になる（後掲、図2－3参照）。

この難波長柄豊碕宮は、孝徳天皇が崩じた六五四年以後も存続していたようだ。先に述べた六五〇年完成の長柄豊碕宮は、少なくとも斉明天皇の時代には存続していたとみられる。斉明の「難波宮」（六五六年の記載）とは、基本的にこれを踏襲していたものだろう。いずれにしろ斉明天皇（および皇太子中大兄）は、この「難波宮」で外交にあたった。斉明六年（六六〇）一〇月、百済が使節を遣わして「師を乞して救を請う」と記されている。斉明は駿河国に船をつくらせて翌年正月西へ向かい、熟田津（愛媛県松山市付近か）を経て、那大津（博多）に行幸した。その年七月に、朝倉宮（大和）で崩じた（『日本書紀』）。

六六二年三月、中大兄は改めて新羅征討軍を派遣したが、「大唐」の「軍将」「戦船」に「泊村江」において、「日本不利けて退く」と記される。いわゆる白村江の戦いだ。この敗戦によって、百済の国名が絶えたとする。

この時期を『日本書紀』は、天智二年（六六二）として記すが、一方で即位の記載を同七年（六六八）とするので、天智二年は皇太子中大兄の時期、天智即位以前である。ただし、逐一即位以前・以後に言及する煩を避け、以下においては、『日本書紀』の表現に従うことにしたい。

臨海の宮から内陸の宮へ——難波宮の畿内と大津宮の畿内

天智六年（六六七）三月、「都（宮）」を大津（近江）に遷した。先に述べた斉明の平浦行幸が近江の地の確認だったかもしれないが、『日本書紀』は、「天の下の百姓（諸々の人々）、遷都することを願はずして、諷へ諫く者多し。童謡また衆し。日日夜夜、失火のところ多し」と記す。世評が不賛成であり、異変さえ起こったと記している。なぜ遷都を強行したのだろうか。

先に述べた白村江の戦いの敗戦の後（天智四年）、「筑紫都督府」（後の大宰府）があった筑紫の国に「水城」と「大野及椽二城」を築いた。

天智六年一〇月には高麗の情勢が悪化し、翌年には大唐が高麗を打ち滅ぼし、この年一一月に「倭国高安城、讃岐国山田郡屋島城、対馬国金田城」を築いたと記す。さらに天智八年冬に「高安城を修」る、と記している。白村江で対戦した「大唐」の襲来を予測した備えとみられる。

古代山城と総称されるこれらの城については改めて述べるが、このうちの高安城は大和・河内間の高安山（標高四八八メートル）に築かれた山城だった。

天智八年には「高安城を修りて、畿内の田税を収む」と、高安城の修築と、高安城への米穀の搬入を記している。さらに同九年にも高安城修築と「穀と塩」の搬入を記している。高安城が立地したのは、生駒山地の南部を、大和川が湾曲しつつ横断する奈良盆地側の谷口の西方であり、信貴山（寺）のすぐ西方の山だ。

一方、天智没後の天武元年（六七二）、壬申の乱の記述において、近江へ南から入る「鈴鹿山道」に「鈴鹿関司」が存在したことを記し、また東の「不破道」を塞ぐ軍事行動を記している（『日本書紀』）。この時点で鈴鹿関が存在したとしている記載に従えば、同関はそれ以前の天智時代の設置だろう。また、大海人皇子（後の天武天皇）の拠点があった「美濃安八磨郡」からのルート（東山道）にあたる、不破道ないし不破関もそうだった可能性が高い。

これらは北陸道ルートの愛発関とともに、八世紀には「三関」とされた。しかし、八世紀後半以後の五カ国からなる畿内からすると、三関の位置はいかにも北東に偏っている。

地図上でそれらの位置を確認してみたい。図2－3のように、三関は近江国の東南、東、北方に位置する。さらに先に述べた高安城は西南方だ。孝徳天皇の長柄豊碕宮を中心に設定された畿内の四至が、半径ほぼ五〇キロメートルの範囲だったことはすでに述べた。仮に近

図2-3　難波宮の畿内（四至）と大津宮の畿内（三関・高安城）

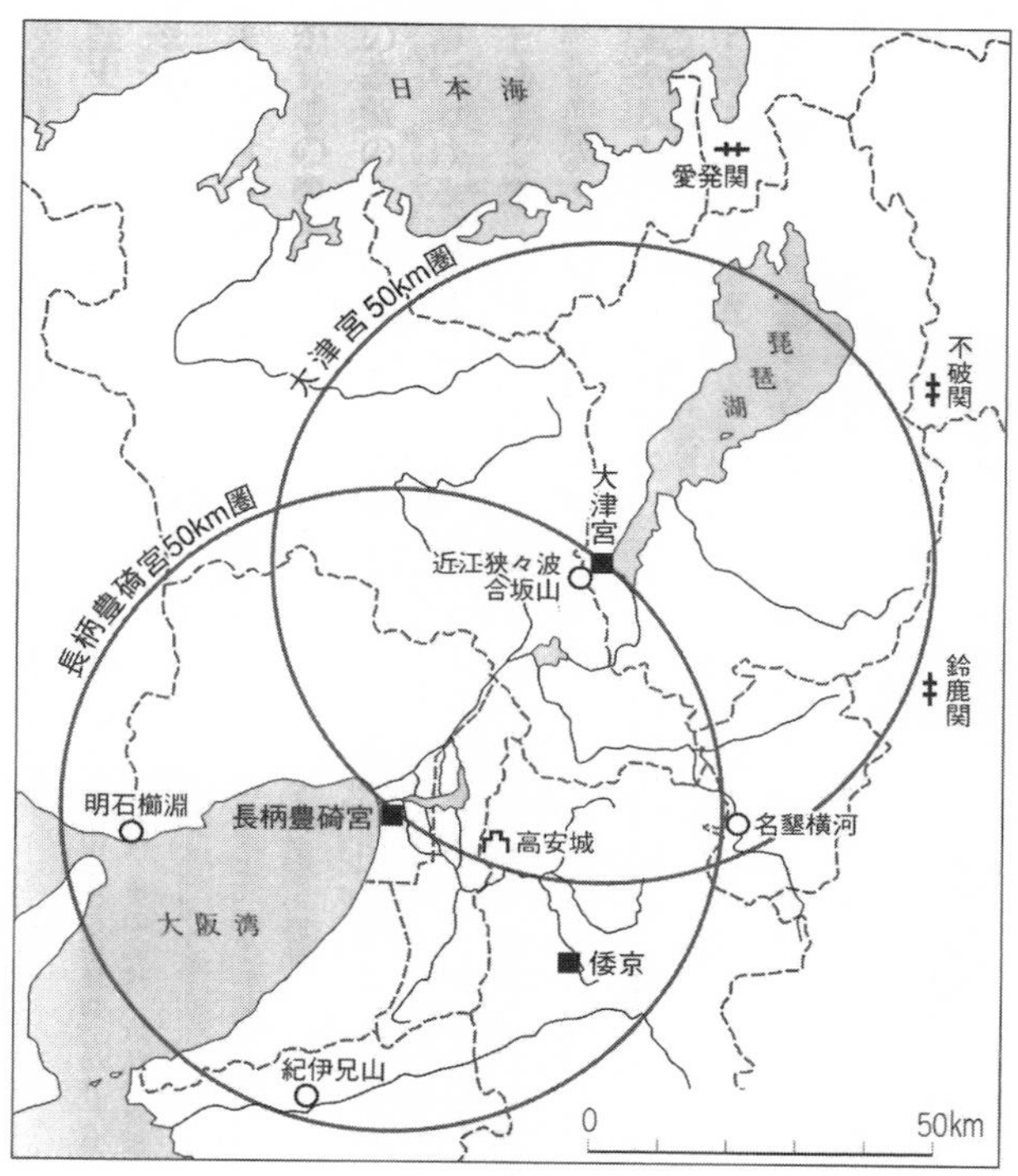

江の大津宮（『万葉集』『続日本紀』等、大津市錦織に宮跡）を中心に、同じように半径五〇キロメートルの円を描いてみると、三関と高安城もほぼその円周上に近い。

これは何を意味しているのだろうか。長柄豊碕宮と同じような範囲で、大津宮の畿内を意味しているのではないか、という推測が生じる。孝徳・斉明・天智の政策の継続性からみれば、まずはその可能性が高いと思われる。

ところが長柄豊碕宮のような単なる畿内の四至の記載ではなく、大津宮の場合、三関と高安城はいずれも軍事拠点でもあった。

礪波護によれば、唐代中国の「畿内」は「関中」とも認識され、四面の関によって境域を囲む範囲であり、軍事的防衛を主目的として設定されたものだった。

大津宮の三関と高安城は、天智天皇による唐代中国の「畿内」あるいは「関中」の構想を反映していた可能性はないだろうか。大陸からの侵攻を想定し、多くの渡来人の情報をも得た天智の構想だ。地図上で眺める配置はその可能性を主張している。

しかも、大津宮への移動自体が、侵攻を受け難い内陸への宮の移動だ。瀬戸内海に臨む大阪平野とは、東の京都盆地や奈良盆地との間に天王山・生駒山地が立ちふさがり、さらに両盆地の東には比叡山・醍醐山地が存在する。

単に内陸へという空間的移動のみならず、山地の二重の南北列という地形障壁をも防御に利用した位置だった。しかも琵琶湖水運の利用が可能だった。これらこそが、世評の不賛成にもかかわらず実施した宮の移動について、立地と地形からみた背景だろう。

しかも天智九年二月、大津宮よりさらに東方の「（近江国）蒲生郡（近江八幡市東南および東南方付近）」に「宮地を観（みそなは）す」と、琵琶湖の対岸の内陸において宮地の候補を探したのである。

大津宮の廃止後だが、その旧地を来訪した柿本人麻呂は次のように、まさしくこの空間と山地を詠んでいる（「近江の荒れたる都を過ぐる時、柿本朝臣人麻呂の作る歌」『万葉集』巻第一）。

（前略）天にみつ　大和をおきて　あをによし　奈良山を越え
いかさまに　思ほしめせか　天離（ざか）る　夷（ひな）にはあれど
石走（いはばし）る　淡海（あふみ）の国の
楽浪（ささなみ）の　大津の宮に（後略）

歴代の宮処（みやどころ）の大和から淡海（近江）への距離の隔たりと、その間にある山々に対する嘆詠である。まさしく先に紹介した、『日本書紀』に記載されたような世評の流れに掉さすものだろう。

これは、侵攻の可能性に対して天智が構想した、防御の拠り所としての空間距離でも地形障壁でもなく、また琵琶湖水運の有効性でもない。ただひたすらに、慣れ親しんだ飛鳥（大和）からはるかに隔たった場所と旧跡への追慕である。

天武天皇の構想

天智没後の壬申の乱（六七二年）は、吉野へ退いていた大海人皇子（天智弟）側と、近江朝側との戦乱だった。これを制した大海人は天武天皇（皇后は天智第二皇女の鸕野讃良（うののささら）、後の持統天皇）となり、飛鳥に宮を遷した（天武元年）。「飛鳥浄御原宮」である。

さらに、大和・河内間の「龍田山、大坂山（穴虫越（あなむしごえ））」に「関」を置き、難波に「羅城」を築いた（『日本書紀』）。

天武はまた、位階を「十二階（それぞれを細分、計四八階）」に改めた。散在的な中枢にとどまっていた宮の機能と構造を転換し、有力豪族を集中的に編成する第一歩ともみられよう。

さらに、「東海道、東山道」の範囲を定めて「畿内、東海、東山、山陽、山陰、南海、筑紫（西海道）」に「使者」を派遣し、「国司（摂津職は大夫）、郡司」を定めるなどの地域制度を整えた。対外的にも、新羅や高麗などの朝貢を受け、また使節を派遣するなど、飛鳥のみならず、しばしば難波と筑紫において外交を展開した。

さらに天武一二年（六八三）、「凡そ、都城・宮室、一處に非ず、必ず両参（二つ三つ）造らむ」と、まず難波宮を造ろうとしたと記されている（『日本書紀』）。朱鳥元年（六八六）に「難波大蔵省」および「宮室」が焼失したと記されるが、それがこの時の造営によるものだった可能性がある。

翌年二月には、判官・陰陽師・工匠等を「畿内に遣わして、都つくるべき地を視占しめ」させた。時間の流れからすれば、この結果が後の藤原京遷都に結びつくのだろう。もともと天武は、飛鳥の諸豪族の期待を受けていた可能性があるとの指摘もある。

しかし同日さらに、別の親王・官人を「信濃に遣わして、地形を看」させた、とも記されている。『日本書紀』は「この地（信濃）に都つくらむとするか」と付記している。実際には宮が建設されたとは史書にみえないが、この記載のように、はるか北東の内陸部における宮地の可能性が模索されていたとすれば、天智が実施した遷宮と同じ方向性の模索だとみられる。

天武は天智の弟であり、天智即位後は皇太子でもあった。大津宮への遷宮の過程には天武もまた同道していたのだから、同じ時代の中で、宮地選定の方向性を共有していたとみても不思議ではない。その延長に、信濃における宮地の可能性の検討があったのだろうか。

いずれにしろ、天武は多様な政策を展開した。天武一〇年には新しい令（行政法）の編纂を開始していたが、天武が崩じた後は、持統天皇が事業を引き継いだ。持統三年（六八九）には飛鳥浄御原令が完成し、これを「諸司」に「班賜」など、天武の政策を継承して内政の制度整備に力を入れた。

宮から都城へ——藤原京と「四禽図に叶う」平城京

持統天皇は、天武天皇の遺志を受けて同八年、飛鳥浄御原宮西北方の広い平野の南部に「新益京（藤原京）」を建設し、遷都した。

藤原京は岸俊男により、奈良盆地の東西路・南北路を基準とした、南北にやや長い長方形となる、整然とした都市計画を有していたと推定されていた。その後の発掘調査によって、宮域を中央にして周囲に広がる京域に、碁盤目状の街路を施した形状となる、岸説より広い京域が推定されている。

持統は制度整備を進めるとともに、中国式都城の整備をも実施したのだろう。しかも多くの宮が営まれてきた飛鳥に近いとはいえ、そこからやや離れた広い平地である。藤原京は、散在的中枢（仁藤の言う分節的中枢）でなく、権力中枢を集中すべき都城だった。藤原京への遷都計画はすでに述べたように、持統即位以前の天武時代から始まっていたとされる。

ところが、慶雲四年（七〇七）即位した元明天皇（阿部内親王、持統天皇の妹）は、同年に和銅と改元してすぐの二月、「京師は百官の府、四海の帰する所」とし、故事を引いて平城京への遷都を企図した。元明天皇は天智天皇の第四皇女として生まれ、草壁皇子妃として、持統天皇を継いだ文武天皇、さらに元明天皇を継いだ元正天皇を産んだ。

また、元明天皇の平城京遷都には、孫の首皇子（元正天皇の皇子、元明天皇の孫、後の聖武天皇）への皇位継承が意図されていたとされる。なぜそれが平城京の位置だったのか。『続日本紀』は元明天皇の詔として、「平城の地、四禽図（しきんと）に叶い、三山鎮（しづめ）を作（な）す」と記し、平城の地が「亀筮（きぜい）」に従うとしたことを記している。元明は和銅元年（七〇八）九月に「平城」と「菅原」へ巡幸した。「大倭国添上下二郡」の「調」をなくし、「造平城京司長官」を任じるなど、具体的に新都建設を進め、同二年九月に遷都した。

『続日本紀』は、先に引用したように、平城京が四神相応の場所であることにしか触れていないが、改めて両京を比較してみたい。

藤原京と平城京とは都市計画のモデルないし構造が違うと考えられていることに加え、小澤毅によれば、藤原京域では遺構の街路幅が相対的に狭く、また宅地の遺構の密度が低いことも指摘されている。

それでは、立地条件はどうだろうか。何が共通し、何が違うのだろうか。

まず、両京とも奈良盆地の平坦部であり、京域（各種の官衙・宅地を配置した範囲）を伴った都城だった。しかし、藤原京は奈良盆地の南部で飛鳥に近く、平城京は奈良盆地の北部で飛鳥から離れた位置だ。

外交の拠点だった難波への行き来には、生駒山地の峠越えであれば大きく条件は異ならず、大和川の水運という点からしても、支流の寺川（南東）や佐保川（北東）を通じた利便性に大差はないだろう。

ただし、長く政治中枢だった飛鳥には、散在的中枢とはいえ、有力豪族の拠点が比較的多く、そうでなかった平城京には有力豪族は少なかった。元明天皇がこれら有力豪族との既存の関係を重視したとすれば藤原京が有利である。距離を置いて、新たに権力中枢を集中させようとしたのであれば、平城京が目的に叶っただろう。

すでに述べたように、藤原京の宅地密度が低いことは、飛鳥に近いが故に権力中枢が藤原京に集中せず、都城として十分に機能しなかったとみられないだろうか。

先に述べた天武による諸制度の整備や構想にもかかわらず、散在的な中枢からの転換が十分に果たされなかった可能性が高い。中枢機能の集中が不十分だったと推定した根拠でもある。

これに対してひとつづきの平野の北部に位置する平城京の地は、有力豪族たちと決定的に乖離するほどの距離をつくるものではないが、一方で従来の関係を修正して関係を再構築することが可能な位置だろう。平城京に権力中枢を集中させ、都城として充実させるには、極めて適した地だったとみられる位置関係である。

改めて地形図（明治一八年測量　仮製二万分の一地形図）を眺めてみたい。平城京の北辺（西北部の北辺坊を除く）である一条北大路は、図2－4の法華寺村の北側に並ぶ二基の古墳（ウワナベ・コナベ古墳）のすぐ南側だった。東側を走る鉄道は現在のＪＲ奈良線に継承されており、鉄道の西沿いには国道二四号も建設されている。

ウワナベ・コナベ古墳の北側には平城山（ならやま）丘陵があるが、最高地点でも標高一〇〇メートル余だ。平城宮跡との間でも、標高差は三〇メートル余に過ぎない。しかも図2－4に見られ

図2-4　平城京から加瀬山西道（鉄道路線の北東方向）へ
（仮製2万分の1地形図「奈良」）

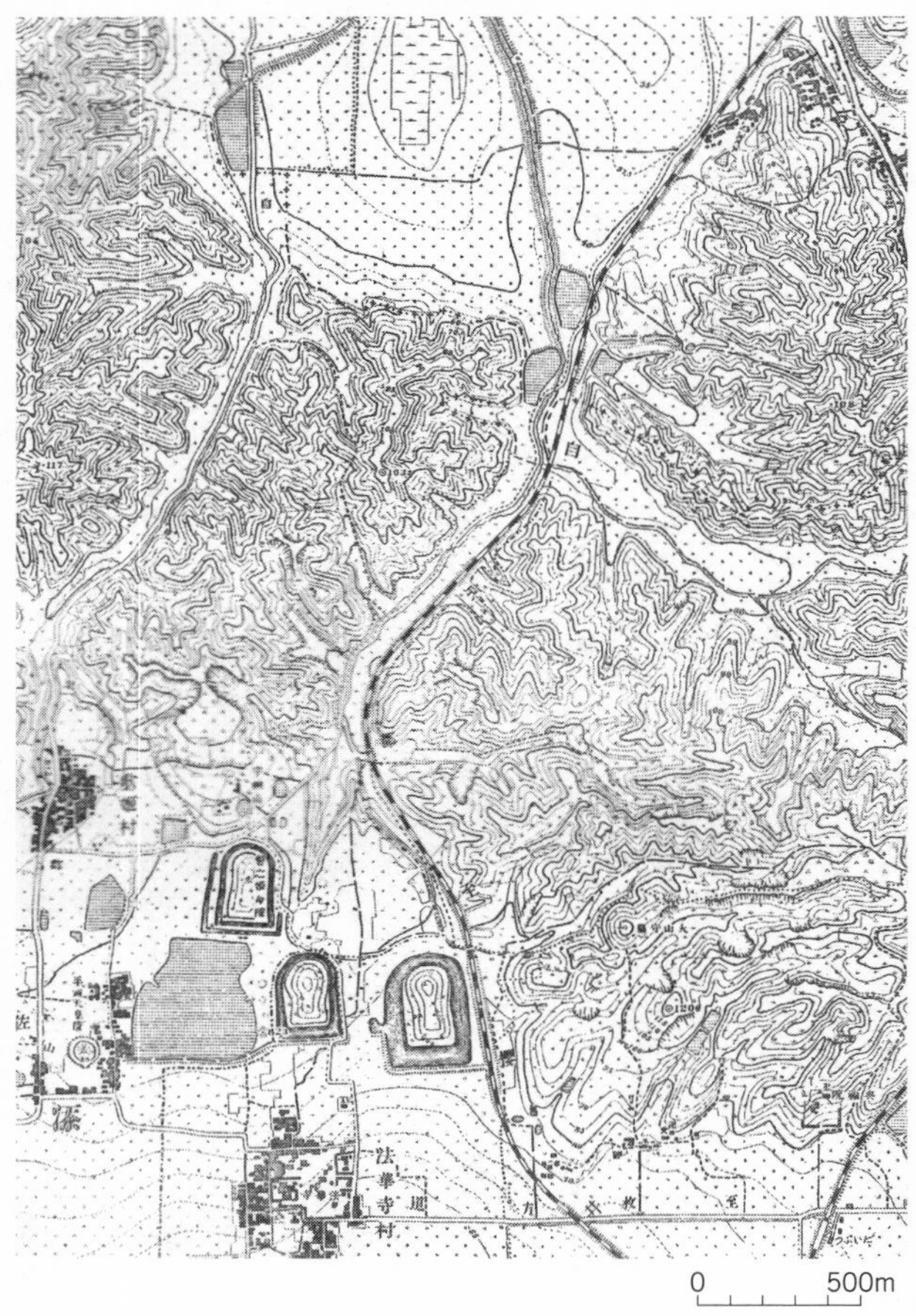

0　500m

るように、鉄道線沿いにやや広い谷が丘陵を貫通している。

この谷を通じて、平城京から容易に木津川（当時の呼称は泉川）沿いの山背（城）国相楽郡へと行き来することが可能だった（さらに先は、後述する「賀世山西道」に連接する）。つまり、木津川の水運を利用することができたことになる。

木津川は淀川の支流で、大阪湾から淀川と後の巨椋池付近を通じて結びついた、水運のアクセスに恵まれた河川だった。平城京の北側におけるその利用が、平城京の立地にとって大きな利点だったとみられる。

権力中枢を集中させ、藤原京よりはるかに人口が多くなった平城京（遺構密度が高い）では、貢納物をはじめとする物資の輸送の重要性が大きく高まったことだろう。

淀川のみならず、琵琶湖から瀬田川・宇治川を通じての木津川水運も重要だったとみられる。平城京の時代において、実際に「宇治津（宇治市）」から「泉木津（木津川市木津町）」へと、杉材などが輸送されたことが知られている。

なお平城京東辺の東大寺へは、少し東側の奈良坂越が至近であることは知られているが、中央の平城宮ないしその周辺からすれば、先に述べたＪＲ奈良線・国道二四号のルート（近世の木津から歌姫への道）が至便だった。

西岡虎之助の整理によれば、宇治津から泉木津まで、例えば天平宝字六年（七六二）には、「榑(すぎくれ)（杉丸太）」一本の輸送費が三文（銭三枚）、「柱」が一八〇ないし二七〇文、「雑材」が一〇・五文だった。

おそらく加工前の丸太はそのまま水流に浮かべるか筏に組み、一次加工した用材（柱・雑材）は舟に積み込んだと推定される。船に積むほうが高い輸送費となったのだろう。

平城京からJR線沿いの谷をたどって木津川南岸に着いた付近で発見された上津(こうづ)遺跡（木津川市木津町）では、数多くの総柱建物跡（倉庫か）が検出されている。それとともに、「泉進□（上）材十二条」などと記した、木材集積地だったことを示す木簡や、平城京式の瓦類、各種の陶器・硯なども検出されている。

これらは、平城京ができた後の資料だが、このように木津川の水運を利用できたのが、藤原京と大きく異なる、もう一つの立地条件だったとみられる。

聖武天皇の関東行幸は遷都が狙いか

『続日本紀』は、聖武天皇が天平一二年（七四〇）一〇月末から、「朕意(おもう)ところ有るに縁りて、（中略）暫し関東に往かん」として関東（三関の東）行幸をしたと記す。まず伊勢国へ行幸し、美濃国、近江国を経て、同年末から恭仁宮（京都府木津川市加茂町）に至り、「京都」とした。

この関東行幸では、まず「造伊勢国行宮司」を任じ、建設した頓宮を経つつ、最終段階で近江の「禾津頓宮」に至っている。禾津頓宮については、恭仁宮と類似した規模の建物遺構（大津市膳所）が発掘調査によって検出されている。

行幸ルートは次のようだった。

平城京→大和国山辺郡堀越頓宮
→伊賀国名張郡→伊賀郡安保頓宮
→伊勢国壱志郡河口頓宮（「関宮」）→壱志郡→鈴鹿郡赤坂頓宮→朝明郡→桑名郡石占頓宮
→美濃国不破郡不破頓宮
→近江国坂田郡横川頓宮→犬上郡犬上頓宮→蒲生郡→野洲郡野洲頓宮→滋賀郡禾津頓宮
→山背国相楽郡玉井頓宮→恭仁宮

玉井頓宮から、天平一二年一二月一五日に「恭仁宮」に至り、「始めて京都を作る」と記されている。太上天皇（元正）と皇后（光明子、藤原不比等の娘安宿媛）はあとで恭仁宮に至った。

この関東行幸について、かつて喜田貞吉によって西国における藤原広嗣の乱を契機としたと考えられたことがある。しかし、乱はほどなく鎮圧されたことから、この説の支持は少ない。

やはり広嗣の乱を契機とする説を否定した瀧浪貞子は、直接の皇統である天武天皇（大海人皇子）の壬申の乱における行軍の追体験が一つの目的だったと推定している。瀧浪はさらに、聖武の主眼が、後に述べるような紫香楽宮における盧舎那仏の金銅像造立にあったと推定する。

確かに右に概要を抽出した聖武の行程は、天武軍が壬申の乱の折にたどった行軍ルートに近い。天武は次のようにたどった。

↓（大和国）菟田（宇陀）の吾城（あき）
↓（伊賀国）隠郡（なばり）↓莿萩野（たらの）↓積殖（つむえ）（柘植）の山口
↓伊勢の鈴鹿↓川曲（かはわ）↓朝明郡↓桑名郡家↓不破

大伴連男依らの天武軍はさらに、「（近江国坂田郡）息長の横河、鳥籠山、安（野洲）川、瀬田（橋）、粟津岡」と進攻して、近江軍に連勝したと記載されるから、確かに天武軍の行程と聖武の行幸ルートの類似性はある。

ところが聖武の関東行幸においては、途中で河口頓宮（「関宮」）に一〇日間にわたってとどまり、そこから「大神宮（伊勢神宮）に幣帛を奉」じたことにまず留意すべきだろう。さらに「禾津頓宮」でも三泊し、天智天皇の建立と伝える「志賀山寺（崇福寺）」に行幸して、「仏を礼」したことにも注目すべきだ。

これらの社寺への奉幣・礼仏の主旨は記されていない。しかし、瀧浪の文脈を延長すると、聖武が母方の祖である天智天皇ゆかりの寺にも行幸したのであり、皇統である天武の事績のみならず、母方の曽祖父天智の事績にもまた思いをはせていたことになろう。

このような奉幣・礼仏に加え、さらに『続日本紀』が記している次の状況にも注目すべきだろう。

聖武は途中の横川頓宮（近江国）から、「山背国相楽郡恭仁郷」へ右大臣を先行して派遣した。しかも、「遷都を擬するを以ての故なり」と、明確に遷都の意図を示しているのだ。

一ヵ月弱後の翌天平一三年（七四一）一月一一日、恭仁京から改めて「伊勢大神宮」と「七道諸社」に奉幣して、「新京に遷る」の状を告げたとされる。

関東行幸の途中における、大神宮への奉幣と志（滋）賀山寺への行幸、さらに横川頓宮での遷都の意図の表現、そして最終的に、恭仁宮から大神宮等への遷都の奉幣といった手順だった。

このような過程からすれば、むしろ関東行幸が、はじめから恭仁京への遷都を目的としたものだったとみるほうが自然だろう。後に改めて紹介するが、桓武天皇の平安京遷都の際にも類似の奉幣・礼仏が行われた。

恭仁宮の地（木津川市加茂町例幣）は、聖武が平城京から行幸を重ねた「甕原離宮」の地、ないしその近傍だったと考えられる。甕原離宮の正確な地点は不明だが、後に述べるように「賀世（鹿背）山西道」の先、鹿背山から北へ延びる山塊の北東端ないしその東側付近だったとすれば、『続日本紀』の記事と符合する。

この「賀世山西道」こそ、平城京から泉川（木津川）の南側の河岸へと通じる道の延長だ。先に述べた、平城京から広く浅い谷を北東へと向かう道と続くのであり、甕原離宮への行幸の道、また泉木津への道でもあった。

即位して三年後の神亀四年（七二七）をはじめ、聖武は甕原離宮へ、天平八年、天平一一年（二回）と、しばしば行幸していた。平城京からは、先に述べたような浅く平坦な谷を経て容易に行幸できる地であり、また、聖武にとって周知の離宮の地だった。

聖武はまた、即位の翌年に「難波宮」へ行幸し、さらに翌年にも行幸を重ねただけでなく、藤原宇合（うまかい）を「知造難波宮事」として造営を進めた。宇合に褒章（ほうしょう）したことを記す天平四年（七三二）には、造宮工事がほぼ俊工していたとみられる。難波宮は伝統的な外交の要地であり、かつても宮が営まれた地だ。

このように難波宮の目的が明確だとして、聖武天皇による恭仁京への遷都の目的と背景は何だろうか。滝川政次郎や小笠原好彦らは、唐の長安・洛陽の両都制、あるいはこれに太原（たいげん）を加えた三都制を意識したものとしている。

先に紹介したように、すでに天武天皇は、「凡そ、都城（みやこ）・宮室（おほみや）、一処に非ず、必ず両参（二つ三つ）造らむ」としていたので、むしろこの天武の思考が、聖武の造宮（都）における直接的な契機だったかもしれない。

聖武が恭仁京へ遷都した天平一三年の一一月には、新京を「大養徳（やまと）恭仁大宮」と名付けたと記される。ヤマトと名付けた理由を記してはいないが、ヤマトは日本を意味したものだろうとすれば理解が容易だ。

仁藤敦史は、聖武が畿内豪族の都城への集住と、帰農する(中枢から離れる)豪族との差別化をはかり、一方で元正上皇からの政治的独立を目指した一環と考えている。

いずれにしても、聖武の祖母である元明天皇による、藤原京から平城京への遷都は、すでに述べたように奈良盆地の南部から北部への移動だった。移動方向からすれば、恭仁京はさらに北方の山背(後に山城)国への移動だ。なぜ北方への遷都だったのだろうか。

恭仁宮の宮域における、諸殿の遺構は泉川(木津川)北岸から検出されており、恭仁宮の建設が進んでいたことが知られている。京域は「賀世山西道以東を左京となし、以西を右京となす」(『続日本紀』)と記されていることから、泉川の南岸に京域が計画されたと考えられている。足利健亮によって、宮域の対岸に方形方格の左京域が推定され、同様の右京が「賀世山西道」を挟んで西に推定された。この説には修正案も提示されているが、地形から見て恭仁京域が泉川の南北両岸に及ぶことは間違いない。

いずれにしても恭仁京域は、甕原離宮付近であるとともに、泉川(木津川)水運の港湾施設群があった泉木津を含む一帯だ。具体的な経緯は不明だが、恭仁宮は泉川北岸に、左京・右京のいずれもが泉川南岸に近接しており、水運を強く意識した立地だろう。

このように恭仁京は、河川の両岸に分かれて宮域と京域が存在していたことになり、それまでの藤原京・平城京とは異なった構造である。平城京が長安を意識した都城だったとすれば、恭仁京の計画には、洛陽を意識していたかもしれない。洛陽もまた河川（「洛水」）の北岸に宮域と京域の一部が、南岸に京域の大半が広がっていたからだ。

ところが天平一四年二月一五日、「恭仁京東北の道」を開いて「近江国甲賀郡」に通じさせ、八月一一日には同郡「紫香楽村」（滋賀県信楽町宮町遺跡付近）に行幸して「造宮卿」以下を任じた（『続日本紀』）。この紫香楽村への道とは、現在の京都府和束町の中央部を東北方へと通じる和束川の谷筋をたどった、と考えるのが地形的にみて無理がない。さらに次のような記事があって、この推定を支持するとみられる。

一つは「大橋」の位置だ。『続日本紀』はこの紫香楽行幸から二日後の八月一三日に、「（恭仁京）宮城以南の大路の西の頭（ほとり）」と、「甕原宮以東」との間に「大橋」を造ると記している。

甕原宮の位置が特定されていないので厳密な橋の位置は不明だが、恭仁宮の大極殿から南へ延びる大路の泉川河畔と、鹿背山西道の先の甕原宮（鹿背山東麓か）との間において、泉川に架された橋（現在の恭仁大橋のやや下流側、最大一キロメートルほどの間のどこか）である。

紫香楽宮からは、和束川の谷筋を西南に向かって泉川北岸の「大橋」畔に出ることになる。後に紹介するように聖武は、この橋（「恭仁京泉橋」）付近から「宮城以南の大路」を通じて恭仁宮へと向かったと記されている。二つ目の根拠だ。

なお、この「大橋」ないし「恭仁京泉橋」と、行基が建立した「泉橋寺」および、これと一体となった「泉河仮橋」（貞観一八年（八七六）太政官符『類聚三代格』）とは別の位置と構造だ。この泉橋寺・泉河仮橋は、平城京から北へ向かう東山・北陸道のルートにかかわる仮橋で、「渡船（馬船二艘、少船一艘）」も併置されていた。一方、恭仁京の橋は「大橋」とあるので、橋脚・橋桁からなる、勢多橋（瀬田川河床から出土した八世紀の橋脚が、琵琶湖博物館で展示されている）のような構造橋だろう。

さて、恭仁京の整備が進められる一方で、次のように紫香楽宮への行幸が繰り返されたことが記されている（『続日本紀』）。

天平一四年八月二七日にも紫香楽宮に行幸し、この際には恭仁京と平城京に「留守（司、以下留守司と表現）」を任じていた。九月四日には恭仁京に還ったが、年末の二九日にまた紫香楽宮へ行幸し（恭仁宮に留守司）、翌年正月二日に恭仁宮に還った。

この天平一五年の四月三日、またしても紫香楽宮へ行幸し（恭仁宮と平城宮に留守司）、一六日に恭仁宮に還った。

同年七月二六日にも、紫香楽宮へ行幸して（恭仁宮に留守司）、甲賀郡の調庸を畿内に准じるように改め、この年の田租を免じた。さらに一〇月一六日、「東海・東山・北陸三道二五カ国の今年の調庸等の物」を紫香楽宮へ貢納するよう命じた。紫香楽宮は離宮というより、ほとんど京と同等の位置づけになったとみられる。

信楽町宮町一帯（宮町遺跡）における平成一二年（二〇〇〇）からの発掘調査では、朝堂院の正殿、後殿、東西の朝堂に相当する建物跡が見つかったほか、「調庸等の物」の貢納に付されたとみられる荷札木簡も検出されており、このことを裏付けている。

東海・東山道の貢納物は琵琶湖北東隅（米原市付近）から、北陸道の貢納物は北端の塩津（長浜市塩津）から、いずれも琵琶湖の水運を利用したと考えるべきだろう。後の平安時代にもこのルートは重要であり、『延喜式』にも公定されている。

琵琶湖東岸にあった最大の内湖（付属湖）、大中之湖岸に発見された大中の湖南遺跡が、八世紀の船着き場跡だったと考えられており、このルートに関わった可能性がある。同遺跡では水運が内陸深くまで届き、紫香楽宮へは最も近い湖岸だ。琵琶湖東北隅ないし北端から、つまり「東海・東山・北陸三道廿五カ国」から紫香楽への、最も近い水運ルートだったと思われる。

さて『続日本紀』によれば、同年一一月二日、「更に紫香楽宮を造る」とする一方、「恭仁宮の造作を停む」と、遷都後三年にして恭仁宮の造営工事がとどめられた。とどめられたのは造作であり、依然として恭仁京と紫香楽宮（京）、および平城京・難波宮は併存だった。恭仁・紫香楽二京はセットであり、紫香楽には次のような別の役割があった。

恭仁宮の造作をとどめるより前の一〇月一五日、紫香楽宮では「盧舎那仏の金銅像」を造る「大願」を発し、同月一九日には「盧舎那仏像」を造るために「寺地」を開いたとある。宮町遺跡の南約一・五キロメートルの鍛冶屋敷遺跡では、鍛冶炉が並んだ遺構や、梵鐘を鋳造したとみられる八角形の台座などが発掘されており、これらの記事にかかわる施設跡だった可能性がある。

年が明けた天平一六年閏正月、聖武は百官を朝堂に集めて「恭仁難波二京、何れをか定めて都とせん」と下問した。選択候補には、大願を実行していた紫香楽宮は含まれていない。下問に対し、五位以上の二四人、六位以下の一五七人が恭仁京を、同様に二三人、一三〇人が難波京を便宜とし、「市人」は皆、恭仁京を都とすることを願った（ただし難波一人、平城一人）。

聖武は同月一一日に難波宮へと行幸し、恭仁と平城には留守司を置いた。同二四日には難波から「三嶋路（淀川北岸）」を経て紫香楽宮へ行幸したが、二六日には難波宮を「皇都」と定めた。

ところが同年四月には、紫香楽において宮の「西北の山火あり」と山火事を記録しているが、一一月には「甲賀寺」において「盧舎那仏像の骨柱」を立て、翌一七年正月「新京に遷りて、山を伐り、地を開きて以て宮室を造る」と紫香楽宮（京）の造営を続けた。

しかし、翌天平一七年四月には「市の西山、寺の東山、宮城の東山」などで火事があり、五月には二日（と四日）に地震があった。そこで「太政官」が「諸司の官人等を召し」、「何れのところ、以て京とせん」と問い、皆「平城に都す可し」としたことを記す。山火事の記録は紫香楽を去るための作為ないしその表現かもしれないが、地震が加わって紫香楽京をあきらめざるを得なかったことになろう。

聖武は、平城京への行幸に先行して恭仁宮の掃除をさせ、紫香楽京に留守司を置いて、同年五月六日に先に述べたように「恭仁京泉橋（「大橋」だろう）」付近に至った。「百姓（さまざまな人々）」の歓迎を受け、（先に述べたように「宮城以南の大路」を経て）恭仁宮に至った。さらに、翌七日には平城宮の掃除をさせ、同月一一日に平城に行幸した。

この還都の結果、「甲賀宮（紫香楽宮）」は「人無し」の状況となり、「諸司および衛門の衛士等」に「官物を収め（回収）」させた。また「恭仁京の市人」も平城にやって来た、と記録される（『続日本紀』）。

恭仁京も紫香楽京も、いずれも二、三年の短期間で終わったことになるが、一時は平城、難波両京を含めて四京が併存したことになる。聖武天皇による恭仁京と紫香楽宮（京）の造都は、聖武の単独判断のように記録されているが、これに対して難波京あるいは平城京への遷都ないし還都は、百官並びに百姓への下問の過程を経ている。

これらの表現は少なくとも、聖武としてはやむなき平城還都だったとみられる可能性がある。しかも図2－5を眺めると、恭仁京と紫香楽宮（京）の位置は、平城京からして明らかに北東方向の内陸だ。見方を変えれば、天智天皇の大津宮（滋賀山寺に近い）寄りであり、琵琶湖畔に近づいていることにもなる。

平城京北方の恭仁京、あるいは北東方の近江国の紫香楽宮（京）への遷都こそが、聖武の本意だったとみられないだろうか。先に紹介したように、恭仁京への遷都の前に、天智天皇の建立と伝える「志（滋）賀山寺（崇福寺）」に行幸したことが記録されていることこそ、この想定を引き出すものではないだろうか。地図上でたどれば、北方あるいは内陸への遷都の

図2-5　平城京と恭仁京・紫香楽宮（京）・保良京の位置

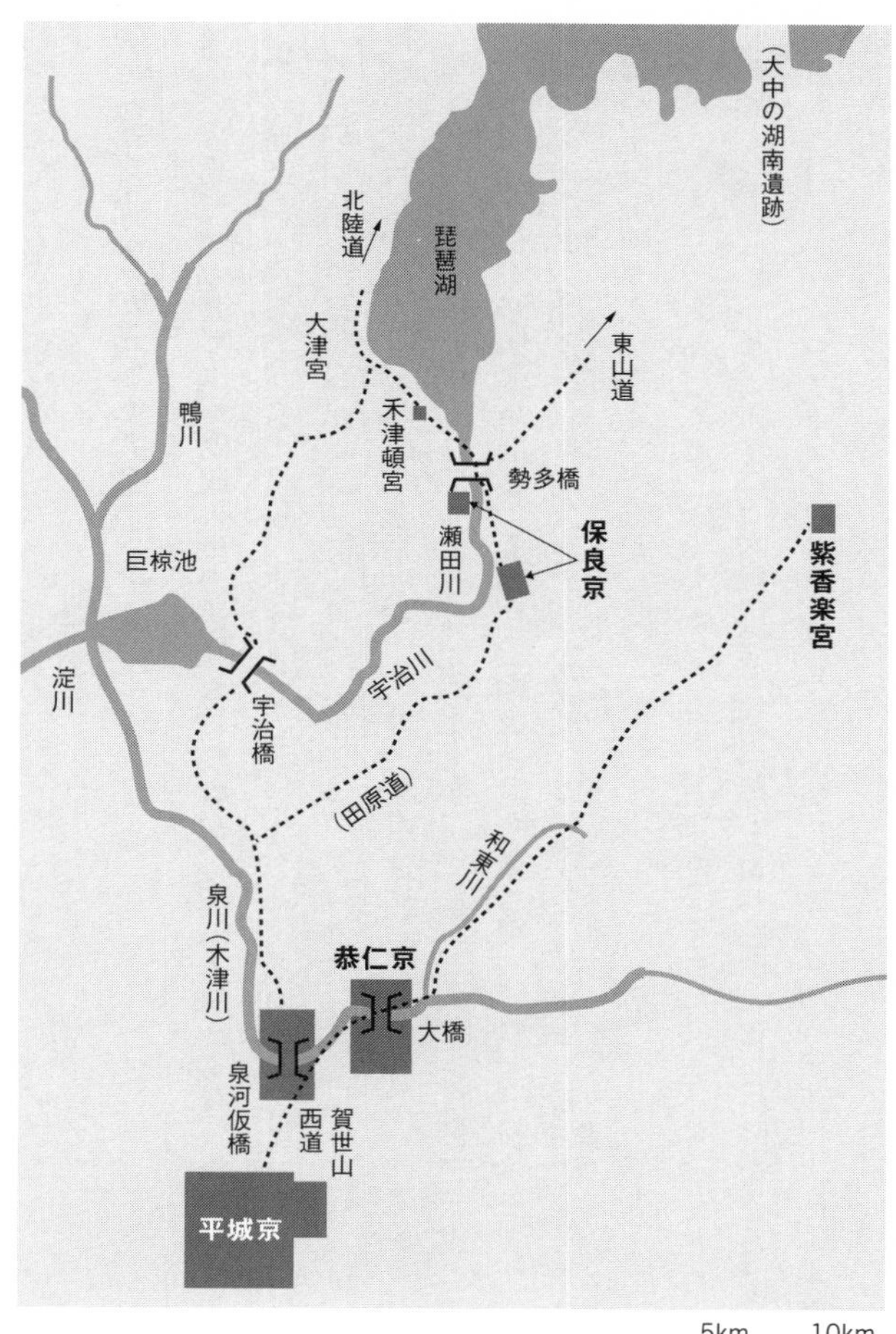

方向性が見えてくることになろう。

高野天皇（孝謙上皇）が造営した北京（きたきょう）

平城京から北方への遷都は、聖武天皇の後にも行われた。聖武天皇から皇位を継いだ後、譲位した孝謙上皇（高野天皇とも）は、天平宝字五年（七六一）、近江国に「北京（きたきょう）（保良京、以下、史料の引用以外は保良京と表現）」を造ったのだ。

孝謙は聖武天皇の皇女（母は光明皇后）で、天平一〇年（七三八）に皇太子となり、天平勝宝元年（七四九）皇位を譲られて即位した。天平宝字二年（七五八）には淳仁天皇に譲位したが、しばらくして淳仁を廃位し、重祚して称徳天皇となった。

「北京」については、「朕思う所有りて」としか記されていないが、まず、『続日本紀』の保良京に関わる記事の要点をたどってみたい。

- 天平宝字三年（七五九）一一月一六日、「造宮輔」等を遣わして「保良宮」を造らせた。
- 同五年正月二一日、官人七人をして「保良京」において「諸司の史生已上の宅地を班給」させた。

- 同年一〇月一日、「都を保良に遷すを以て」三人に賜姓。
- 同年一〇月一三日、「保良宮」に行幸。
- 同年一〇月二八日、「北京を造らんと議す」、「都に近き両郡を割きて、永く畿県となして、庸を停て、調を輸すべし。その数は京に准ず。」
- 同六年三月二五日、「保良宮の諸殿及び屋垣を諸国に分配して一時に功を就さしむ。」
- 同年五月二三日、「高野天皇（孝謙上皇）と帝（淳仁天皇）と隙あり、車駕、平城宮に還る。」

このように、孝謙が淳仁に譲位してほどない天平宝字三年一一月一六日、保良宮の造営を開始した。造宮に加え、保良京において諸司の史生（ししょう）以上の役人に宅地を班給し、翌年一〇月一三日に行幸した。

先に述べたように、「北京」を造ろうとし、都に近い「両郡」（近江国滋賀郡・栗太郡、後述）の税制を変更して畿内に準じるようにした。さらに、諸国に造営工事を割り振って完成を急いだ。しかし同六年五月二三日には孝謙と淳仁の間に食い違いが生じて（通説は藤原仲麻呂とも食い違い）、平城京に還ったとの経過だった。わずか七カ月余の都だった。

その後、政権中枢にあった藤原仲麻呂の乱が起こった。仲麻呂は、自身が近江守を兼ねていた近江国府へ入ろうとした（東山道経由だろう）が、孝謙上皇軍は「田原道」（図2－5参照）を通って先回りをし、勢多橋を焼いて仲麻呂一行を阻止した。孝謙は乱を鎮圧して淳仁を廃し、重祚して称徳天皇となった。

仲麻呂一行が進んだ東山道（北陸道も同一）は、平城京から北へ向かい、泉川（木津川）東岸を北上して宇治に至り、宇治橋を渡って、宇治川東岸から山科盆地を経由し、逢坂山を越えて近江に入る。その後、琵琶湖南岸を少し南東行して瀬田川（下流は宇治川）に架かる勢多橋を渡れば、まもなく近江国府だ。

一方の孝謙上皇軍が先回りした田原道とは、東山道途中の城陽市青谷付近から北東に向かい、宇治田原を経て瀬田川東岸を北上するルートだ。

この保良京については、長い間不明なことが多かった。勢多橋西畔に近い石山国分遺跡付近において、礎石の一つと考えられている石や、平城京と共通の瓦等が検出されていることから、この付近が保良宮の位置だろうとするのが、一般的な理解だった。

しかし、「諸司（省・司・寮など）の史生（事務官僚）已上の宅地を班給」させたと記される京域が全く不明だった。ところが、平成一五年（二〇〇三）から発掘調査が始まった大津市関津遺跡において、保良京域の一部と考えられる遺構が検出されたのだ。

関津遺跡では、両側の溝の中心間の広さが一八メートルにも及ぶ、直線の道路跡が見つかった。一八メートルもの広い幅の直線道は京域以外では見られない。山陽道・東海道・東山道などの道路遺構でも、ほとんどが一二メートル程度、最大で一六メートル（平成三〇年から発掘調査が始まった高野遺跡（滋賀県栗東市）の平安初期東海道）だ。関津遺跡の直線道は図2－6のように、南北方向より西に一四度傾いた方向で平坦部を貫通していたとみられる。

しかも直線道の両側に、道路に沿った方向の掘立柱建物跡約六〇棟が確認されている。建物跡は、七間×二間の庇付きのものが最大で、五間×二間、三間×二間、倉庫と考えられる総柱建物跡などさまざまだが、先に述べた「史生巳上の宅地」にふさわしい。

関津遺跡が保良京の一部だったとすれば、その位置は瀬田川東岸の栗太郡内であり、西岸の保良宮の推定位置は滋賀郡内だ。先に紹介した「畿県」とされた「両郡」とは、まさしく栗太・滋賀両郡に相当することになる。

瀬田川を挟んだ西岸の保良宮と、東岸の保良京域の位置はやや離れてはいるが、勢多橋で連絡しており、泉川を挟んだ恭仁京（「大橋」でつながった）の場合と基本的に類似する構

図2-6　関津遺跡と勢多橋

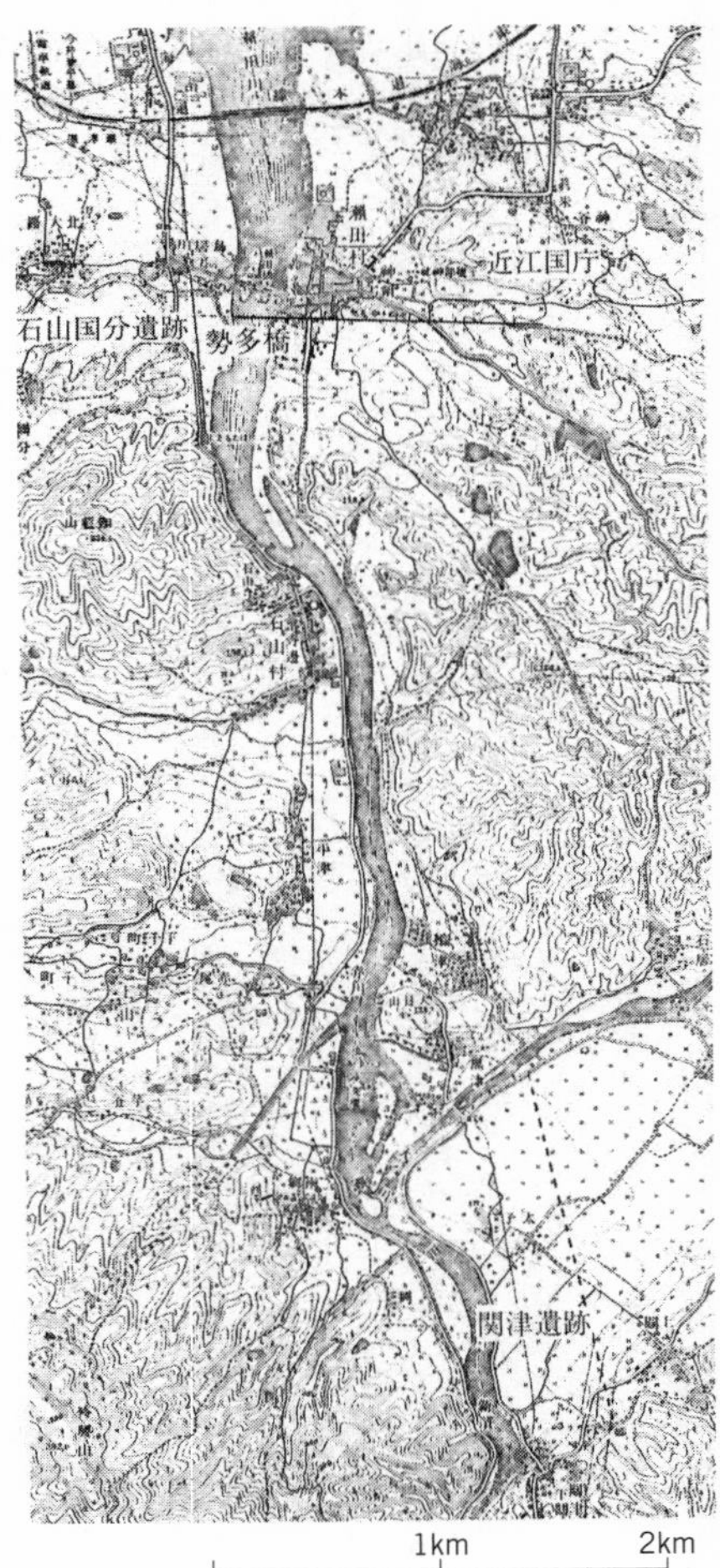

造とみられる。

保良京の計画が、恭仁京と類似の方向性を持っていたとすれば、その背景にはいくつかの要素が想定できる。まず、孝謙上皇（高野天皇）は、聖武・光明の皇女として、父母である天皇・皇后と類似の背景と思考を有していた可能性だ。さらに、聖武の皇太子として恭仁京の造営を眺めたはずの孝謙にとって、宮都の立地選定の方向性を受け継いだ可能性は高い。

しかも孝謙は、聖武から官僚群をも継承していた。中でも藤原仲麻呂は、聖武時代から中心的存在だった。仲麻呂が恭仁京や紫香楽京についても深く関与していたことは、例えば、歴任した次のような役職からも知られる。

- 天平一三年九月、京都（恭仁京）百姓宅地班給使
- 同一四年八月、平城京留守司（聖武、紫香楽宮行幸）
- 同一四年一二月、（恭仁京）留守司
- 同一六年閏正月、京の事（恭仁か難波か）を市人に問う。
- 同年月、恭仁留守司（聖武、難波行幸）

これらの造京と行幸はすべて、聖武天皇によるものだ。すでに紹介したように、官僚たちとりわけ仲麻呂は造京にかかわり、また行幸の間の留守司として宮・京の管理を担当し、聖武の意を体していたものだろう。これには仲麻呂自身と父武智麻呂が近江守だったことや、

祖父不比等が近江一二郡に封じられて「淡海公」とされた（『続日本紀』天平宝字四年）ことなどといった、近江との強いかかわりも背景にあるかもしれない。

これらが相まって、保良京という、いわば恭仁京型の都の造営に結びついたと考えるのが順当だろう。しかもその位置が、聖武の恭仁・紫香楽二京よりさらに北側の近江国内における瀬田川沿いだ。逆に見れば、旧大津宮のあった琵琶湖岸へと、さらに近づいていたのだ。

桓武天皇による長岡京遷都

延暦元年（七八二）、桓武天皇が即位した。このころの『日本後紀』の記述が失われているので『日本紀略』によれば、同三年五月一六日、藤原小黒磨らを山背（後に山城）国乙訓郡長岡村（京都府長岡京市）に派遣した。「都を遷す為なり」と明確に記されている。

同じ延暦三年六月九日、藤原種継らを「造長岡宮使」として「都城」と「宮殿」の造営をはじめ、一三日には賀茂社に奉幣して「遷都」を告げた。二三日には「諸国正税四万三千余束」をあてて「新京之宅」を造るとした。

桓武は、この年一一月一一日に長岡宮へ移幸し、「賀茂上下、松尾、乙訓神」に神階を加え、畿内七道の「天神地祇」に奉幣した。早くも翌四年正月、「大極殿」で朝（ちょう）を受けた。

造京開始以前の延暦三年五月一三日、摂津職が「蝦蟇二万、天王寺内に入る」と言したことを記しているが、ほかに遷都の理由は記されていない。遷都の地は、桓武の母、高野新笠が百済王系士族の大枝氏の出身だったことが、その背景と考えられている。村井康彦はまた、桓武をめぐるさまざまな政治関係を議論している。

ここでも、長岡京の立地を眺めてみたい。長岡京もまた、平城京の北方（恭仁京より北西）に位置する。しかも泉川が合流する淀川を通じて難波京と直結した位置だった（図２－７参照）。

神々に奉幣して遷都を告げたのは聖武天皇も同様だったが、遷都した翌々年正月二一日、桓武は「近江国滋賀郡梵釈寺」を造り始めたと記録されている。桓武は天智系の皇統とされ、天智天皇の追福のためだとされる。のちに桓武はまた、「先帝旧都」が近江国滋賀郡「古津」と呼ばれるようになっていたのを、「大津」へと旧称に戻してもいる。大津宮への思いはより強かったとみるべきだろう。

平城京から北方への遷都には、もう一つ重要な要素があったとみられる。聖武の恭仁京、紫香楽宮（京）、孝謙上皇時の保良京が平城京の北東方であるのに対して、長岡京はやや西ではあるがほぼ北方だ。聖武の二京は泉川上流、孝謙上皇（淳仁天皇）の保良京は宇治川上

図2-7　平城京から長岡京・平安京へ

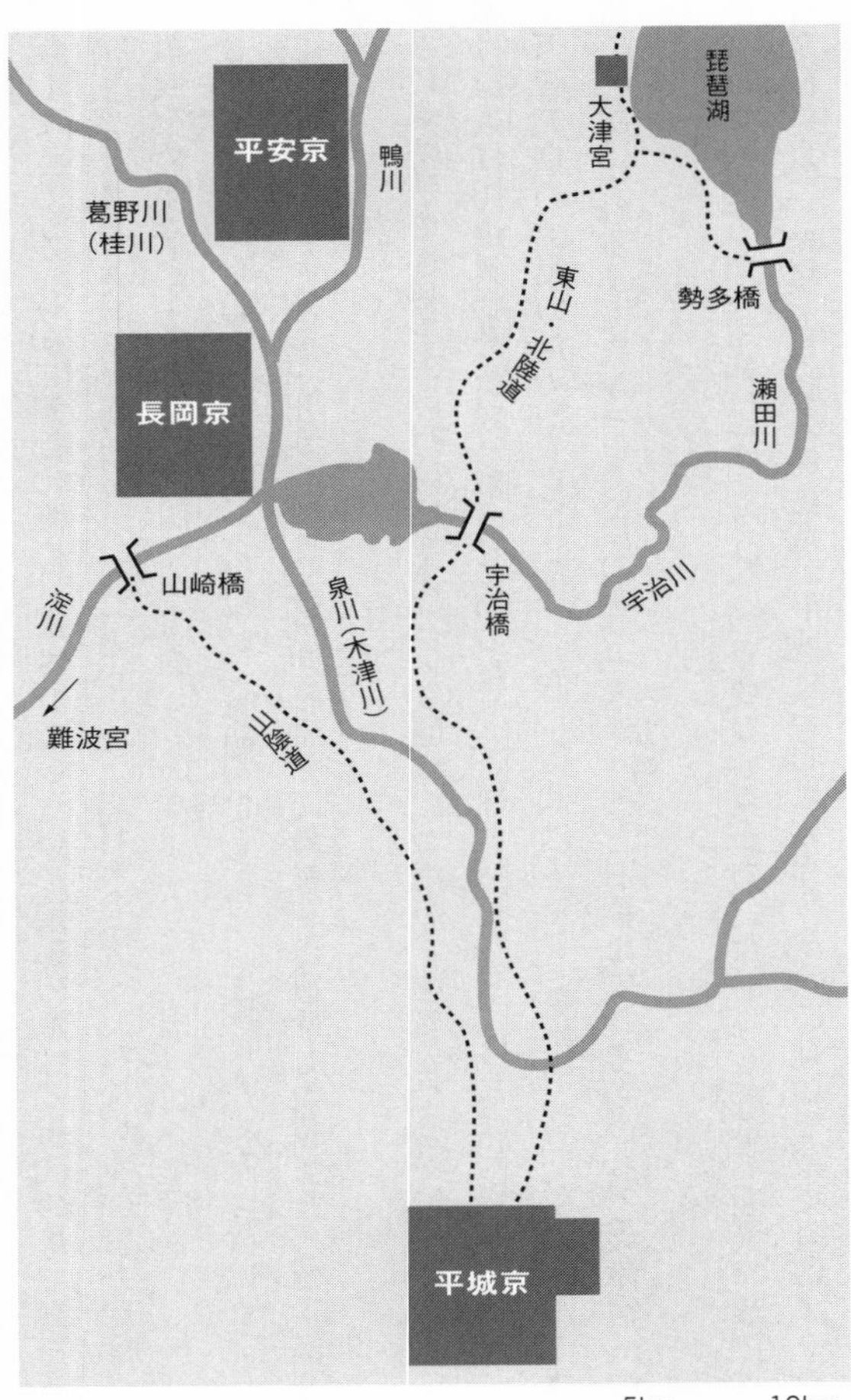

流の瀬田川沿いだった。これに対して桓武の長岡京は木津川（泉川）の下流、淀川の上流だった。

長岡京域の調査の進行によって、街区の計画が平城京の方式よりも平安京に類似して、その先駆だったことも判明している。ここでは、すでに述べた梵釈寺（志（滋）賀山寺の地）建造のほか、次の二点に注目したい。

一つは延暦一〇年（七九一）九月一七日、「平城宮諸門を壊し遷し、以て長岡宮に移し作る」とする記事だ。平城宮の諸門を解体して、おそらく泉木津へと運び、舟で泉川を下り、巨椋池付近から桂川（当時葛野川）に入って長岡宮へと輸送したものと思われる。先に紹介した宇治を経由して泉川（木津川）を遡った平城京の用材の逆方向の輸送だ。泉川水運を利用しなければ極めて困難な運送だろう。

今一つは、造京が始まってまもない延暦三年七月四日、「阿波・讃岐・伊豫」に「山崎橋を造る料材を進めしむ」と南海道の三カ国に山崎橋の用材を求めていることだ。これは瀬戸内海と淀川の水運を利用したことに他ならない。解体した平城宮諸門の部材、山崎橋建設の用材のいずれの輸送にも、水運を抜きにしては考えられない。図2－7のように長岡京は、水運に恵まれた立地だった。

なお山崎橋は、泉川西岸を北上したと考えられる山陰道によって長岡京と旧都平城京を結ぶ陸路のルート（山陰道）上だろうが、淀川の渡河は避けられない。後の天安元年（八五七）には、山崎橋の上に積もった糞土の掃除と、洪水の際に「河上の蔵屋舟船等」が「柱下を擁塞（つもりふさぐ）」ことで「橋梁を破損」するのを防ぐために、「山城・河内等国」に「橋守」を置かせた（『類聚三代格』）。平安時代のことだから、山崎橋は平安京から河内・和泉や南海道諸国へのルート上にあったことになる。

長岡京では、延暦四年（七八五）九月二三日、造長岡宮使の藤原種継が暗殺された。関与を疑われた皇太子（早良（さわら）親王）が出家させられて乙訓寺へ送られた。早良は自ら一〇日余の間飲食を断ち、淡路へ移送される途中で亡くなった。その後、同七年五月四日に桓武の夫人旅子が、さらに同八年一二月二八日には皇太后（新笠）が薨じるという、桓武周辺の不幸が続いた。

長岡京造営はなおしばらく続行したが、ついに再び遷都することとなった。その遷都後だが延暦一九年七月二三日、おそらく祟りを恐れ、早良親王に「崇道天皇」と追頌して、山陵に「鎮謝」したと記されている。

桓武天皇による平安京遷都――「山河襟帯」の地へ

長岡京遷都から九年弱を経た延暦一二年正月一五日、「都を遷す為なり」として、またしても藤原小黒磨らを「山背国葛野郡宇田村の地に遣」わした。同年二月二日には、「遷都を賀茂大神に告げ」た。さらに、三月一日に「葛野に幸して新京を巡覧」し、一〇日に「伊勢大神宮に奉幣」して「遷都の由」を告げた。一二日には「新京宮城を築かしめ」、二三日には、諸国に新宮諸門を造らしめ」た。同三月二六日に「車駕京中を巡覧」、九月二日「新京の宅地を班給」と、新京造営・遷都の手続きが進行した。

翌延暦一三年一一月八日、「この国山河襟帯、自然城をなす」として、山背国を山城国と改め（先に紹介した大津への改称も同時）、新京を「平安京」とした。

元明天皇の平城遷都に際しては「平城の地、四禽図に叶い」と記され、桓武天皇の長岡遷都については「蝦蟇二万天王寺内」との異状が記されていたが、平安遷都については「山河襟帯」と記されていることになる。

山河襟帯とは京都盆地の地形の表現だが、平安京から見れば、東に東山と鴨川、西に西山と葛野川（桂川）、北に北山、南に巨椋池（大池、宇治川・淀川）によって、四周を襟や帯のように取り囲まれていることを指すものだ。平城天皇による平城還都の企てや、平安末の平清盛による福原京への一時的遷都、といった例外の動向はあったが、平安京は造都以後、変遷を経ながらも都として継続した（図2－8参照）。

しかしやがて、長安になぞらえた右京が廃れ、洛陽に擬された左京が中心となった平安京は、洛中と呼ばれることが増えた。また、鎌倉幕府の『吾妻鏡』には「京都」の呼称が散見するようにもなった。やがて戦国期以来、いくつもの「洛中洛外図」が描かれたのはよく知られている。近世には、京都は単に「京」と呼ばれることが多かった。

山河襟帯と記された平安京の立地の様相は、むしろ近世に刊行された古地図の多くに、見事に表現されていることにも触れておきたい。例えば図2－9は、この中で早い時期にあたる、承応三年（一六五四）北山修学寺無庵刊「新板平安城東西南北町并洛外之図」と題した古地図だ。表現されているのは、まさしく山河襟帯の京であり、この構図は多くの京都図の基本だった。

平安時代の古地図に戻りたい。平安京を描いた現存最古の古地図は、九条家本『延喜式』（国宝、東京国立博物館蔵）に収められた左・右京図だ。この左・右京図は、院政期の一一四〇年代頃に成立し、その後も何回かの加筆がなされたとみられている。

図2-8　山河襟帯の都（平安京）の地形
（旧版20万分の1地勢図「京都及び大阪」）

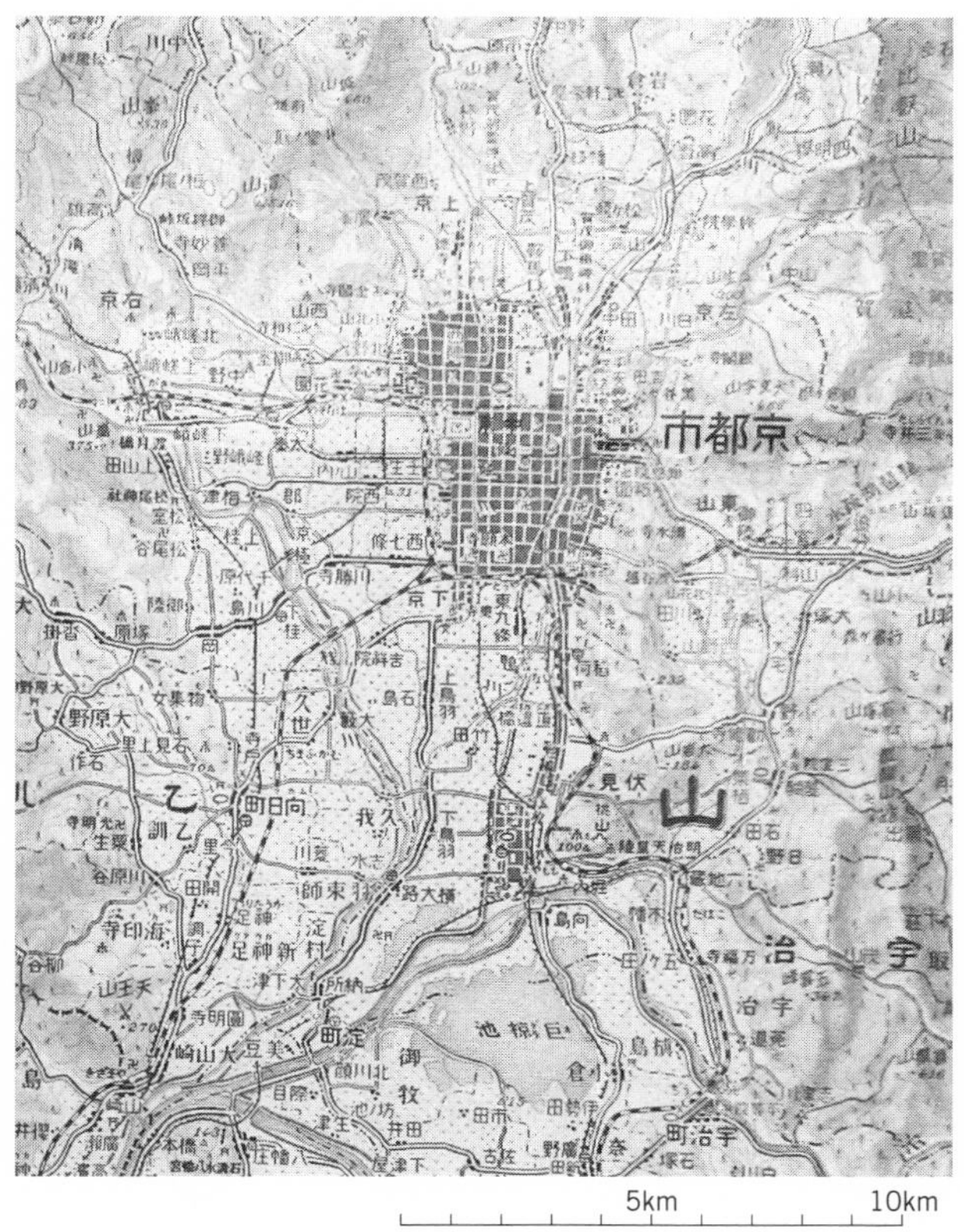

図2-9　承応3年（1654）刊「新板平安城東西南北町并洛外之図」
（『慶長＝昭和京都地図集成』柏書房）

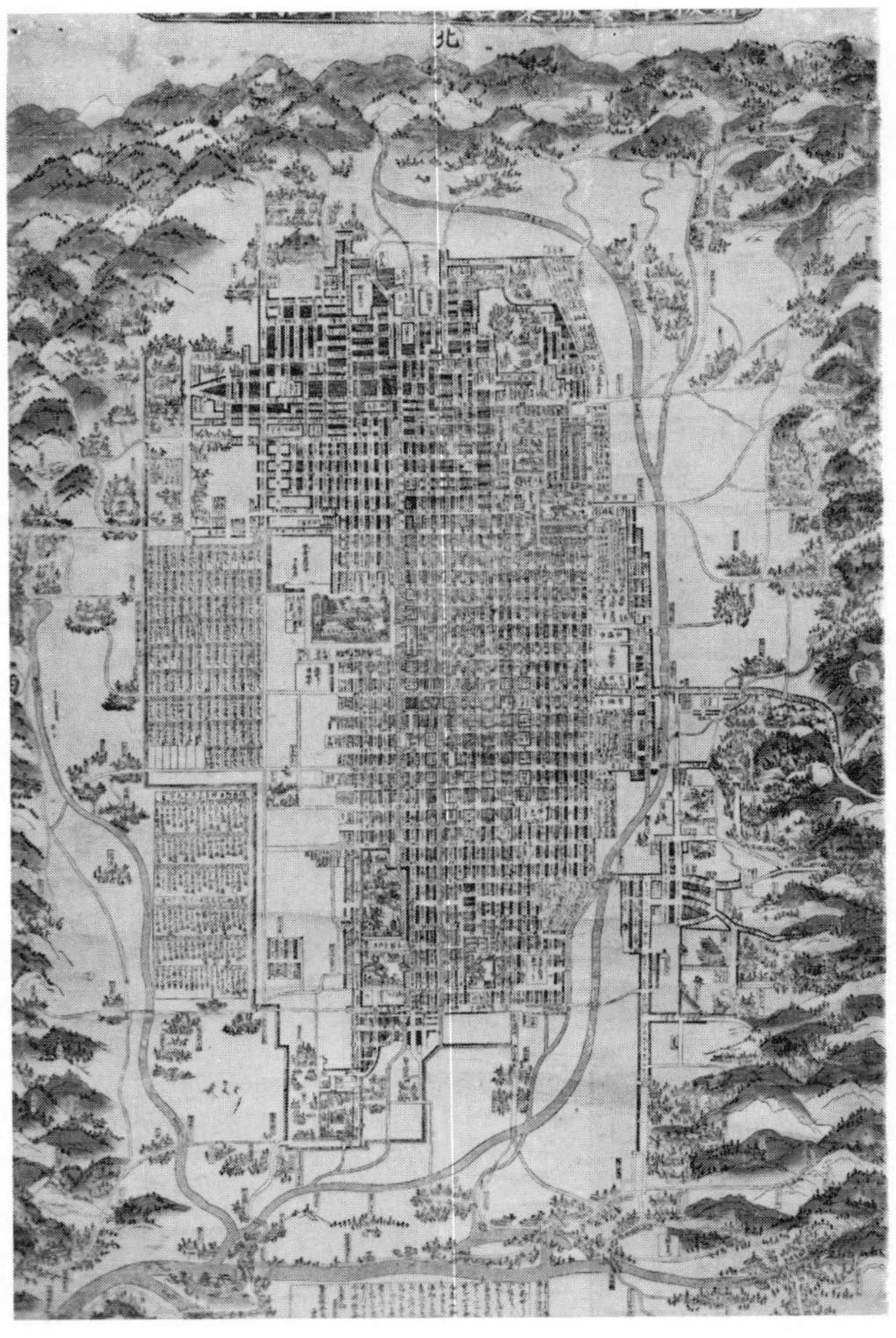

図2－10のように左京図（翻刻）には、大路・小路名、三本の川とその支流、方格の街路に区画された邸宅や施設などの記載が多い。しかし右京図には方格街路網以外の記載が少なく、すでに右京が廃れていたことを表現している。

左京図西北隅（右京図北東隅に接続）の門に囲まれた部分が平安宮（大内裏）、その中央北よりが「内裏」であり、左京西辺が幅二八丈の「朱雀大路」、南端に「羅城門成」、と記入されている。

左京図南辺の「九条大路」から、北へ三本目の「九条坊門小路」の東辺に、「韓橋」および「号唐橋」と記入されている（囲み部分の小さい文字）ことに注目したい。いずれも「韓橋・唐橋（以下史料を引用する際以外は唐橋と表記）」というのだから、欄干付きの橋だったものだろう。

仁和三年（八八七）五月一四日、「韓橋を守る者二人を置く」とあり、山城国の傜丁（労役の負担者）を当てることが記されている（『日本三代実録』）。先に述べたように、山崎橋に橋守を置いたのが天安元年（八五七）だったから、その三〇年後だった。

この唐橋の「橋守」二人の配置については、延喜二年（九〇二）七月五日の太政官符で追認しており、その折に「件の橋は、往還の要路」と、重要な交通路だったことを説明している（『類聚三代格』）。

これより前の元慶三年（八七九）九月二五日、『日本三代実録』には、「この夜、鴨河辛橋（かもがわからはし）に火つけり、大半を焼き断つ」と記されている。火事の原因の記載はない。この辛橋（唐橋）がいつ建造されたのかは不明だが、再建されて橋守の配置時に存在したことは間違いな

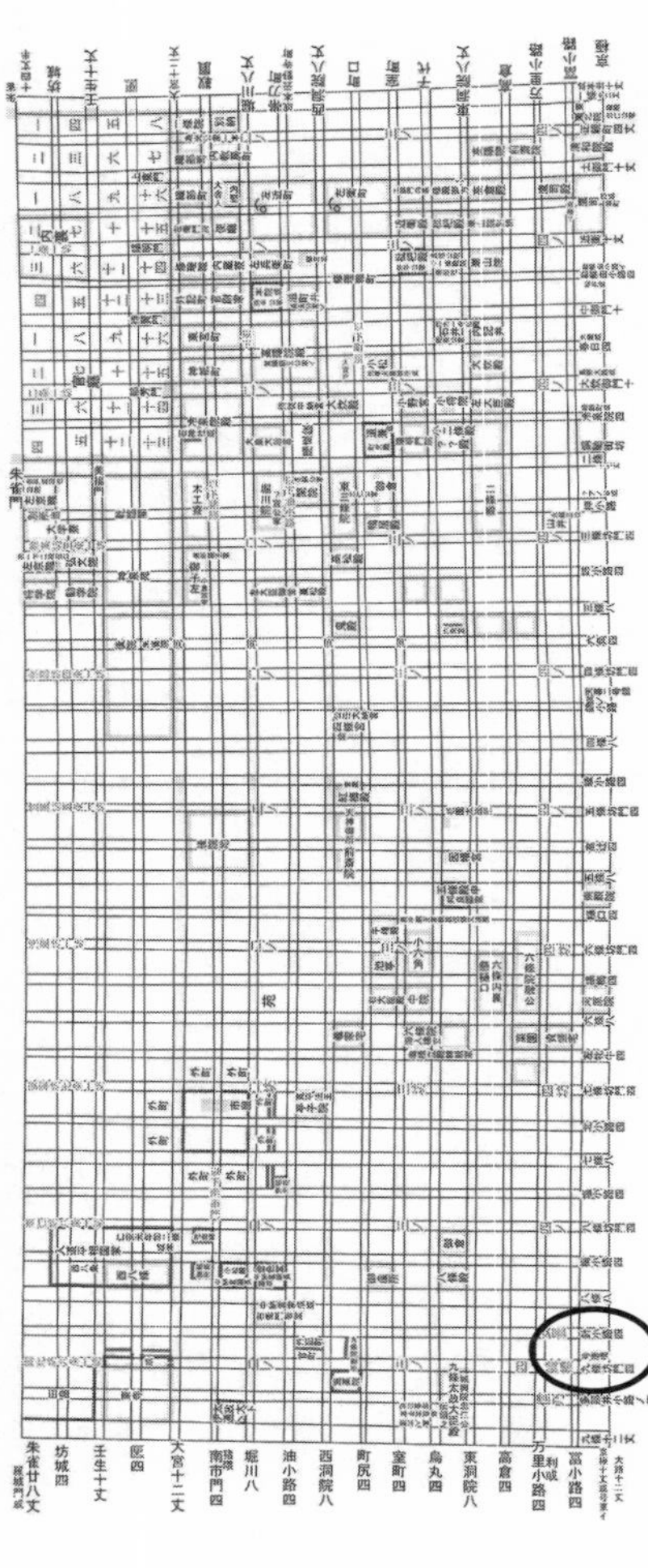

いだろう。

唐橋の位置は、現在のＪＲ東福寺駅の北端と、東寺東門から東へ延びる東寺通り東端とをつなぐ位置に相当する。この付近は、泉涌（せんにゅう）寺付近から西側へと、東山が最も張り出した部分に近く、鴨川東岸の地形は氾濫が及びにくい地点だった。また東岸のすぐ北側には、山科

図2-10　九条家本『延喜式』左・右京図（翻刻『平安京―京都』京都大学学術出版会）

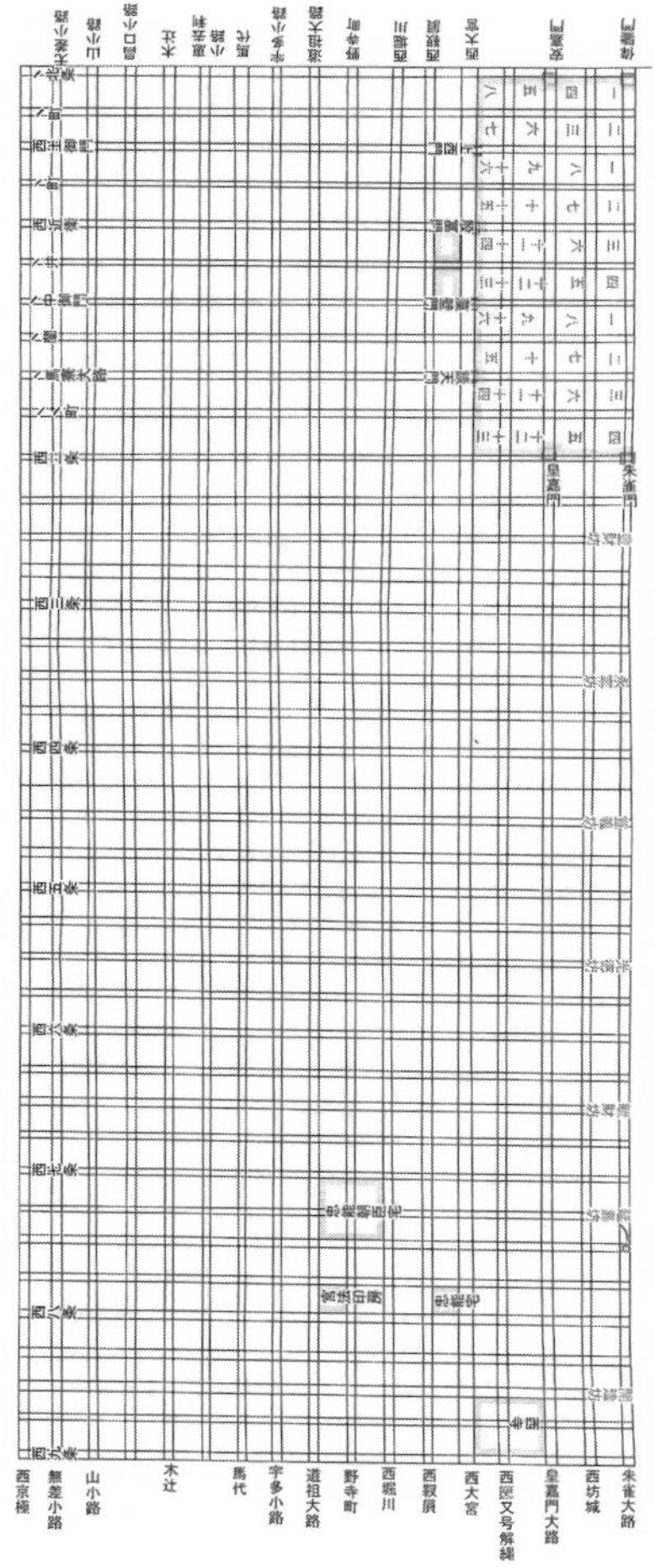

から京（今熊野付近）に至る醍醐道（滑石越〔すべりいし〕）があり、平安京から東へ向かう好位置でもあった。

平安時代末ごろの状況を描いているとみられる「山城国宇治郡山科地方図（「山科郷古図」ともいう。東京大学史料編纂の所蔵写本）」には、このルートが「交坂路」と記されている。同図にはさらに、唐橋の東方の先に相当する山科盆地の東西道に、「旧京路畷」と記載されている道がある。この道は、山科盆地東縁を通る、平城京の時期以来の東山・北陸道から、平安京へと連絡するルートであり、唐橋が玄関口だった可能性がある。なおこの場合、平安京の三条大路から、蹴上を超えて東への東海道・東山道（後の中山道）・北陸道は、「旧京路畷」よりやや遅れて造られたとみられる。

とはいえ、羅城門が平安京南面の中心玄関口だったことは言うまでもない。そこに直結するのは、朱雀大路から南へ延びる「鳥羽の作道」を経て続く、山陽道（その先には西海道）と南海道だった。

もう一本の官道だった山陰道の場合、仮に羅城門を経由したとすると相当の迂回ルートとなる。しかし、延暦一五年（七九六）に造られた「佐比川橋」（『日本後紀』）が山陰道に直結する橋だった可能性が高い。延暦一八年（七九九）には、「山城国葛野川、近く都下に在り、洪水ある毎に徒渉を得ず」とし、「楓・佐比二渡」に、それぞれ「度子を置」いた（『日本後紀』）とある。この際には「佐比渡」とあるので、佐比川橋は流されていたのだろうか。

さらに貞観一一年（八六九）には、「佐比大路南極橋」が「曲流の間に」あったことを述べている（『日本三代実録』）ので、これも佐比川橋だろう。

当時の葛野川（桂川）主流は、平安京西南部で大きく東へ曲流して、平安京に接する紀伊郡条里の「上佐比里」西南隅から、「下左比里」へと深く入り込んでいたと考えられるので、位置に矛盾はない。佐比川橋とは網状に流れる葛野川の、いくつかの曲流に架されたものだったのだろうか。

このようにして平安京には、四周への官道へと結びつく橋までも整備されたことが知られる。平安京は都市として成熟していくことになる。

ところで、平安京にどれほどの人々が住んでいたのかを記した史料は存在しない。もちろんそれ以前の宮都についても史料はない。一つの推定を紹介したい。

一九九四年に、平安京の「建都一二〇〇年」記念事業として、京都市によって一〇〇〇分の一の復原模型（現在中京区市立中央図書館一階に展示）が作製された。その作製には、筆者を含め、さまざまな分野の研究者が参加した。

歴史史料に記された官衙・邸第、考古学的に遺構が発見された邸第・住居などがまず復原・配置され、加えて、地形的にみて居住不可能だった場所（南西隅の約四坊分など）を除いた京域に、規定に従って四行八門の宅地割（一戸主四五〇平方メートル）の住居を推定して復原・配置した。

この作業の結果、推定される平安京の人口は、約一〇万人となった。従来の想定案より少ないが、それでも各種資料の取り扱い方法からすれば、特定の一時期の人口よりは多い可能性がある。

今のところこれ以上の確実な推定はないが、平城京についても、これに準じて想定してよいように思う。

遷都は北へ、内陸へ向かう

天智天皇から桓武天皇に至るまで、さまざまな形の宮・都城の移動が行われてきたことを述べてきた。

大きな動向の一つは天武・持統両天皇の飛鳥の諸「宮」から藤原「京」への遷都であり、散在的な中枢の克服を目指すものだった。この方向性は、元明天皇による、奈良盆地北部の平城京の造営・遷都として再現され、集中的な中枢が完成したとみられよう。

ところがその後、聖武・孝謙（上皇）各天皇による、さまざまな形における臨海の難波の維持と、その一方での、さらに北方ないし内陸への遷都の動きが出現した。これらは平城京への還都の形で、いったんは終息した。

しかし桓武天皇は、改めて平城京からの恒久的な遷都を目指し、まず長岡京へ、次いで平安京へ遷都した。これも聖武・孝謙の志向と類似して、北へ、内陸への流れにあったとみられよう。

藤原京を除けば、これらの遷都先には少なくとも水運の可能性があった。平城京では泉川（木津川）への近接性があったことはすでに述べた。聖武・孝謙・桓武の造京・遷都には、瀬戸内海はじめ、淀川・木津川・宇治川などの河川や、琵琶湖・瀬田川などの水運が絡んでいたことは明らかだ。少なくとも集中した中枢の都城にとって、水運が重要な要件だったことは間違いない。

この動向の嚆矢は難波宮から大津宮へ遷り、さらに内陸での宮地造営も検討した天智天皇だが、同じ方向性は、飛鳥へ還った天武にも継承され、もっと内陸に位置する宮地の可能性さえ検討されたとみられる。聖武・孝謙（上皇）・桓武各天皇の遷都もまた、空間的には大津宮の旧地に近づく北への移動であり、天智が志向した内陸への移動の方向性を持っていたとみられる。

この北へ、また内陸へという遷都の志向の先には、当面、天智の大津宮と、琵琶湖・瀬田川・宇治川・淀川の水運が見えてきたことになろう。

桓武天皇の造京・遷都は平安京で終息となったが、桓武は頻繁に平安京から周辺へ「遊猟」に行幸した。その場所は京郊・山城の「葛野、栗前野、水生野、西野、北野、大原野、日野」から、河内・和泉の「陶野、交野、日根野、熊取野」など、『日本後紀』が記すだけでも極めて多い。しかしこれらの遊猟にも、三度遷都しようとの意図があったとはみられない。

ただし次の平城天皇は、不成功だったが平城京への還都を目指した。また源平の争乱の中で治承四年（一一八〇）、平清盛は安徳天皇を福原（神戸市）へ一時的に動座した。天皇御座所の移動という点では、南北朝期にも一時的に京を離れたことがあるが、基本的には平安京の位置が継続した。

このようにして平安京が都としてほぼ固定し、先に紹介した「プランシウス世界図」（一五九四年刊）が描くメアクーム（都）の位置となった。

第 3 章

古代・中世の
山城と平地の居館

古代の山城の例——大宰府の大野城と椽城

難波宮から大津宮へと宮を遷した天智天皇が、「倭国高安城、讃岐国山田郡屋島城、対馬国金田城」を築いたことはすでに述べた。天智六年一一月のことだった（『日本書紀』）。いずれも白村江の敗戦以後の防衛にかかわる城郭だったとみられる。

このうちの高安城は、すでに紹介したように、大和と河内の間にある高安山（標高四八七メートル）に築かれた山城だった。壬申の乱の際には、近江軍が高安城に籠っていると聞いて、大海人軍が城に登った。

しかし、近江軍はそれを知って、すでに「税倉を焚き」、散り失せていた。そこで大海人軍は城のうちに宿った、と記されている（『日本書紀』）。この表現では、軍が籠ったり宿ったりしているが、攻防の戦場とはならなかったことになる。

屋島城の場合、瀬戸内海に突出した、標高二八〇〜二九〇余メートルの台地状の地形が特徴だ。頂上が硬い安山岩の平坦な土地であり、その周囲に石塁が築かれていたが、地形そのものが急峻なので、石塁が必要ではない急崖もある。石塁は連続的ではなく、要所々々に築かれていたことが知られている。

写真3-1　整備された屋島城門（高松市提供）

写真３―１は調査によって判明した構造を復原したものだが、このように門の付近はとりわけ堅固な石垣となっている。やはり居住地ではないが、屋島の立地そのものが、瀬戸内海の水上交通を監視するのに適しており、その機能が重視されたものだろう。

高安城や屋島城と同時に見える金田城も、類似の役割を持っていた可能性がある。金田城は対馬の城山（じょうやま）（標高二七六メートル、長崎県対馬市美津島町）にあり、やはり全周二・八キロメートルの石垣、さらに城門・水門・掘立柱建物跡などが確認されている。

大津宮への遷宮に先立つ天智三年（六六四）、「筑紫において大堤」を築いて「水城（みずき）」をつくった。さらに同四年には、憶礼福留・四比福夫を筑紫国に派遣し、「大野及椽二城」を築いた（『日本書紀』）。いずれも、大宰府（当時は「筑紫大宰、筑紫都督府」などと記されている。以下、大宰府と表現。福岡県太宰府市）の防衛にかかわる施設だった。

水城を除くこれらの城は、構造から古代山城と総称されている。また、大野城・椽城の建設に派遣されたのが右にあげた旧百済官人だったことなどから、朝鮮式山城と称されることもある。

さて、大野城と椽城が築かれた大宰府は、八世紀の初めごろから一〇世紀半頃にかけての時期、政庁（図3－1大宰府跡付近）付近の政庁域とその周辺、および政庁から南へ延びる直線道付近等に施設が点在する状況であり、政庁東方には観世音寺（現存）が存在し、その南へも直線道が延びていた。

天慶四年（九四一）の藤原純友の乱の戦火にあった後、大宰府は一辺約一〇〇メートルの方格（面積八段、約〇・九五ヘクタール）を単位として、東西各一二坊、南北二二条からなる、特異な「左郭・右郭」の土地計画として再編された。このことは別著（『古代日本の景観』）で詳細に述べたが、その位置は、図3－1の地形図の中央部の下端付近以南である。図中に大宰府跡（特別史跡）の記号が付された部分が政庁跡で、その東には学校院跡、観世

図3-1 大宰府（2万5千分の1地形図「太宰府」）

写真3-2　大野城百間石垣

音寺境内などが並んでいる。左・右郭はこれらを含む、南側一帯である。

先に触れた水城は、図の西端部を博多湾に向けて流れる御笠川沿いに、谷を遮断する形で建設された。図に水城跡と記入されているように、現在でもその大半が存在する。

一方大野城は、大宰府の北側にある四王寺山（大城山、標高四一〇メートル）に築かれた山城だった。図の北東部に大野城跡と記入されている。百間石垣（写真3－2、高さ八メートル、幅九メートル、長さ一八〇メートル）や大石垣・小石垣と呼ばれる石塁の存在が知られ、また太宰府口、坂本口、水城口、宇美口など、計九カ所の城門が発見されている。

大宰府中枢から谷を遡った太宰府口の場合、写

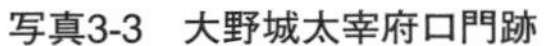

写真3-3　大野城太宰府口門跡

真３―３のように、土塁が大きく開いた部分に礎石を伴った門柱と門扉の存在にかかわる石造遺構があり、門を入った部分には、虎口の桝形を思わせる広場がある。これらの石塁や土塁は、四王寺山の山頂を馬蹄形状に取り囲むように築かれており、南側と北側の土塁は二重になっている。塁壁の総延長は八キロメートルを超える。

谷の部分には水が浸透して自然排水が可能な構造（水の手口石垣）となっていることも報告されている。内部には掘立柱建物跡と総柱建物跡が八群、計約七〇棟分見つかっており、総柱建物跡は倉庫だったと考えられている。またこれらの建物に使用されたとみられる軒丸(のきまる)・軒平瓦(のきひら)のほか、墨書土器が検出された礎石群や、炭化米が出土した礎石群があって、実際に使用されたことが知られる。

やや北側の主城(しゅじょうばる)原礎石群は他の礎石群とは異なって、下部に掘立柱建物の遺構が検出されており、貞観一八年(八七六)に「城司」(『類聚三代格』)と見える大宰府機構の一つにかかわる可能性がある。

しかし、大野城に多くの人々が居住していたわけではない。先に述べた高安城と同様に、非常時に軍や人々が籠ったものであり、そのために米穀が蓄えられていたものだろう。

近隣住民が逃げ込む城――「逃げ城」と神籠石

大宰府には山城が付随していたが、大宰府そのものには城壁が存在しなかった。これと異なって中国やヨーロッパの都市には、人々が多く居住する都市の全体が城壁に取り囲まれた、囲郭都市の形態が多かった。この点で、大野城のような古代山城は別の機能を持っていたことになる。

囲郭都市の系譜についてさまざまな学説を広く検討した矢守一彦は、その中で「逃げ城」

と呼ばれる城郭についても触れている。ヨーロッパには、居住目的ではなく、非常時に人々が逃げ込むフォルクスブルク（人々の城とでもいう意味）と呼ばれる、山城に類似した城があったことを紹介しているのだ。

朝鮮半島にもまた類似の山城があり、これを築いた近隣の平地住民が、敵襲があると逃げ込んで防戦するものだった。朝鮮式山城と呼ばれる故でもある。大野城もまた、大宰府の人々が戦火の及びそうな時に逃げ込む城だったとみられる。

大野城が大宰府の北方なのに対し、同時期に築かれた椽城は、南方約八キロメートルの基山（標高四〇四メートル）に築かれた。大野城と同様に、約三・九キロメートルの城壁をめぐらし、推定四カ所の城門、約四〇棟の礎石建物跡、瓦・土器などの出土が知られている。大宰府は南北二カ所の逃げ城を備えていたことになる。

さらに、大野・椽両城と大宰府周辺の山稜を連結するような位置の土塁も見つかっており、大宰府を取り囲む構造だったとの想定もある。写真3－2の百間石垣では大野城の土塁に沿った道の痕跡も発見されている。土塁とそれに沿った道が、防御のみならず通路の役割も果たしていたとすれば、周辺の住民の避難をも想定されていた可能性がある。

しかも古代山城は、文献に見えるものだけではない。神籠石（こうごいし）という名称で呼ばれてきた類似の形状のものが知られている。

例えば、大宰府のずっと南方に当たる、筑後国の高良山（標高三一二メートル、久留米市御井町）などにも類似の山城が存在し、標高二二二メートル付近には高良神社が鎮座する。この神社は、文献では延暦一四年（七九五、『日本紀略』）に初めて見られ、『延喜式』にも「高良玉垂命神社」として神名帳に記載された式内社だ。

神社の周囲に、全周約二・五～三キロメートルほどの馬蹄形状の城壁の存在（北側は推定）が知られ、現在でも写真3－4のような石塁ないし土塁の一部も見られる。構造上は、大野城や椽城と同じような古代山城だが、高良山神籠石とも呼ばれ、かつては列石が神域を護る「神籠石」だとの説もあったことに由来する。

これが逃げ城だったとすれば、近くに逃げ込む人々の居住地がなければならない。高良山西麓には筑後国府が所在したので、国府設置後であれば問題はない。高良山神籠石が仮に大野城と同時期の築造だったとすれば、その時期は国府の設置以前だ。しかし、国府が置かれたような筑後の中心的地域だったことは推定される。当時、逃げ城をつくった人々の生活の場所が、後の国府付近にあった可能性は高い。

神籠石の名称と遺構は、おつぼ山神籠石（全周一八〇〇メートル余、佐賀県武雄市）や帯

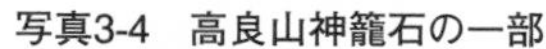

写真3-4　高良山神籠石の一部

隈山神籠石（全周約二四〇〇メートル、佐賀県佐賀市・神埼市）などにもみられる。いずれも発掘調査によって古代山城だったことが知られている。

　これらの例のように、古代山城は、城と呼ばれようと神籠石と呼ばれようと、いずれも基本的に逃げ城だった。多くの人々の居住地である平野に近い、比較的低い山に築かれている場合が多い。中には、重要な水陸交通ルートを監視する地点に築かれた例があったことも紹介した。

山城を伴わない古代の城柵――多賀柵と多賀城

聖武天皇が平城京にあって、時折離宮の甕原宮を訪れていたころの時期、山城ではない「城柵」が設営された。

『続日本紀』は、天平九年（七三七）に持節大使藤原朝臣麻呂と鎮守将軍大野朝臣東人が陸奥国に派遣され、武蔵国など六カ国の「騎兵」一千人をもって内陸側と海側の「山海両道」を進んだと記している。

麻呂の報告には、東人に「勇しく健き」一九四人を、また四五九人を「玉造等五柵」に分配し、麻呂自身が残りの三四五人をひきいて「多賀柵（宮城県多賀城市）を鎮」めた、とある。東人は「賊地」に入った後、多賀柵に戻って「城郭を営み造る」のが良いとしたが、人・食・候が必要として「後年を待て、はじめて城郭をつくらん」とした。この表現では、多賀柵は多賀城の前身だったことになる。これらの両者を一括して、研究上では「城柵」と表現することも多い。

一方、多賀城跡近くの石碑（「多賀城碑」）には、「多賀城」と刻まれている。京などから多賀城への里程に続いて、「此城（多賀城）、神亀元年（七二四）（中略）大野朝臣東人の置く所なり」と記され、さらに「天平宝字六年（七六二）藤原恵美朝臣朝獦（あさかり）の修造なり」と記している。多賀城碑はかつて後世の作かと疑われたこともあったが、調査によって基台や石彫が古代のものであることが知られており、多賀城跡の調査と符合する点も報告されている。

ところが、『続日本紀』は、神亀元年に「海道の蝦夷を征せんが為なり」として持節大将軍に任命された人物を、藤原朝臣宇合（うまかい）としている。この折に宇合がつくったのが「多賀柵」などの柵だったとすれば、一三年後の天平九年（七三七）に、そこへと大野東人が入ることができたとみられる。『続日本紀』の記載が正しいとすれば、多賀城碑の記載は、大きな事績のあった東人と宇合を取り違えたものだろうか。

また、『続日本紀』天平宝字四年（七六〇）には、「藤原恵美朝臣朝獦」が「雄勝城」の築城を命ぜられたことも記している。多賀城碑は、このことと八世紀中頃の多賀城修造とを混同しているのだろうか。

いずれにしても、八世紀中ごろに多賀城の工事が行われたことは、発掘調査によって確認されている。これによって、東人の意図したような城郭である、多賀城が成立したことになろう。多賀柵の後に、多賀城が建設されたことは確認しておいてよいだろう。

さて多賀城跡は、図3－2のような、三陸自動車道東側の低い丘陵上に位置している。北

図3-2　多賀城（2万5千分の1地形図「仙台北部」）

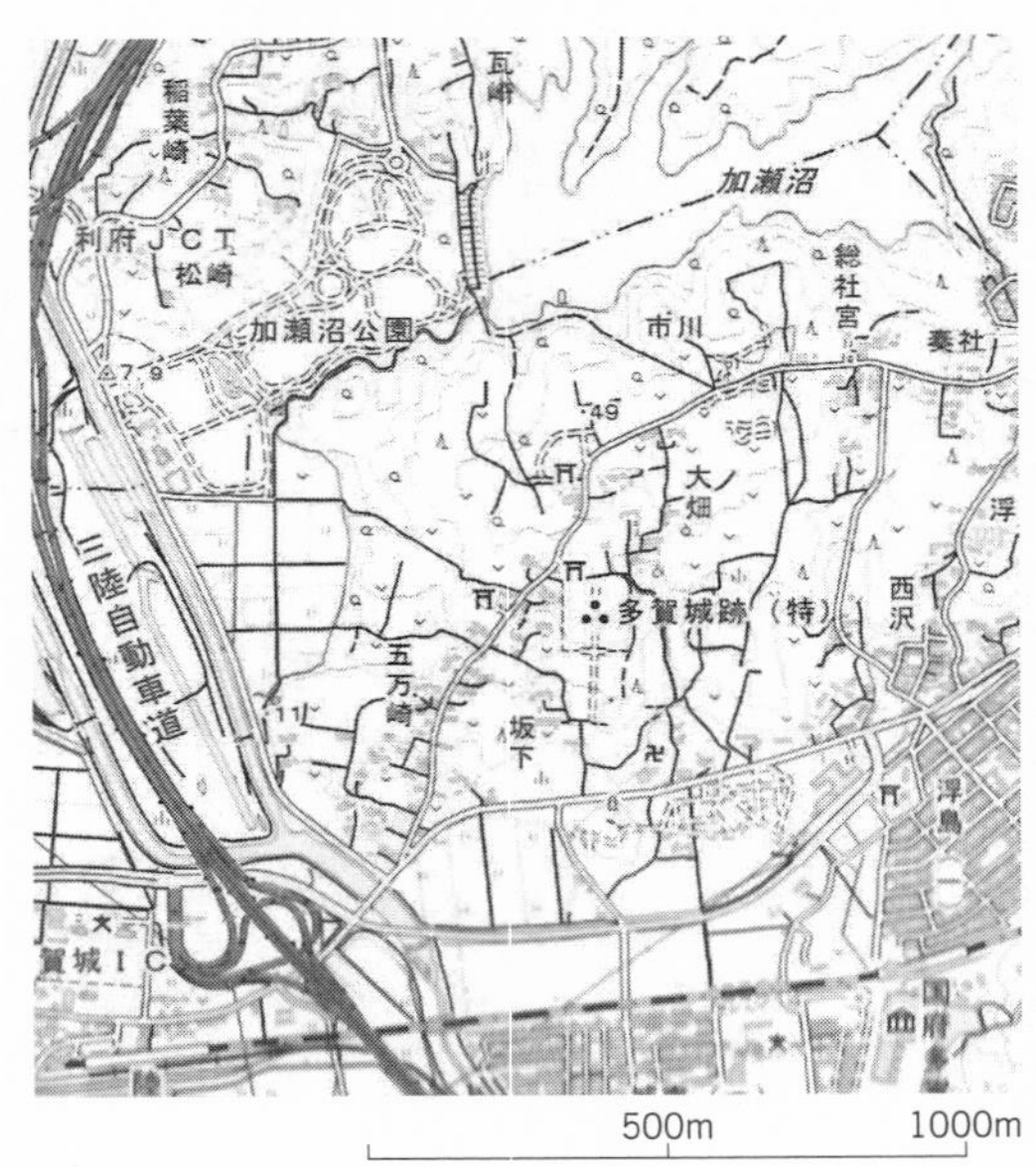

側に加瀬沼、西と南に水田が残る低地があり、ほぼ中央に多賀城跡の史跡表示と名称がある。すぐ北側に四九メートル、すぐ西には一一メートルの標高点があり、東から西に緩やかに傾斜した丘陵上だ。

　発掘調査で確認された官衙域は、外周がややゆがんだ方形状（南辺約八六〇、東辺約一〇〇〇、北辺約七七〇、西辺約六七〇メートル）で、西端部と南端部には、一部分沖積低地を含んでいる。丘陵上の最高部は、東辺北部付近の標高五二メートルで、沖積低地は標高約四メートルだ。

方形状の外周は、最初に南辺と東辺に築地が築かれ、八世紀後半には全体に築地がめぐらされた。沖積低地部分には区画施設がなかったが、八世紀末から九世紀には材木列の塀がつくられた。南と東西に門があった。官衙域の東南方の孤立した丘陵上には国司館と考えられる遺構が存在する。

官衙域の中央付近に東西約一〇三メートル、南北約一一六メートルの政庁域があり、基底幅二・一メートルの築地塀で囲まれていた。政庁は正殿と東西の脇殿からなり、後に、後殿や東西楼などが増えたことが知られている。

多賀柵・多賀城は鎮守府で、陸奥国府も併置されていたが、延暦二一年（八〇二）には胆沢城がつくられて鎮守府が移った。しかし、多賀城は依然として「城」として認識されていたようで、『日本三代実録』は、貞観一一年（八六九）の陸奥国地震の記事にも「城郭、城下」の表現を用いている。つまり多賀城は、同書でも「城」と認識されていたことになろう。

多賀城は鎮守府で、陸奥の国府でもあった。先に述べた大宰府と類似した機能を有しており、両者が対比されることも多い。確かにそれぞれ、陸奥と西海道の中心政庁で、国府所在地（大宰府の場合は筑前国府）でもあったことも共通する。多賀城・大宰府のいずれも、通常の国府と比べて規模が大きいが、両者にはいくつかの決定的な違いがある。

相違の一つは立地する場所の地形条件で、多賀城は低い丘陵上に築かれ、大宰府政庁は山麓に近いとはいえ、平坦な沖積平野上だった。

次には外周の築地塀の有無だ。先に述べたように、多賀柵には東人が三四五人もの兵を配置した。多賀城と呼ばれるようになっても、外郭に築地塀（一部の低地は材木列の塀）が築かれていた。

これに対して、大宰府の外周には築地や柵がなかった。ただ大宰府北西部からは、「御笠団印」「遠賀団印」が発見されており、大宰府警護の軍団の団印と考えられているから、付近に駐屯地があったと推定されている。

さらに、大宰府には大野城と椽城という山城（逃げ城）があったが、多賀城には山城が存在せず、周囲にもそれを築くような山がない。

城柵は、多賀柵・城と前後して、ほかにいくつも築かれた。多賀柵より早く斉明五年（六五九）、阿部比羅夫が蝦夷を攻略したころ、後の越後に「磐舟・渟足柵」が築かれた。また、延暦二一年（八〇二）に坂上田村麻呂によって胆沢城（岩手県奥州市水沢区佐倉河）が

図3-3　胆沢城（2万5千分の1地形図「陸中江刺」）

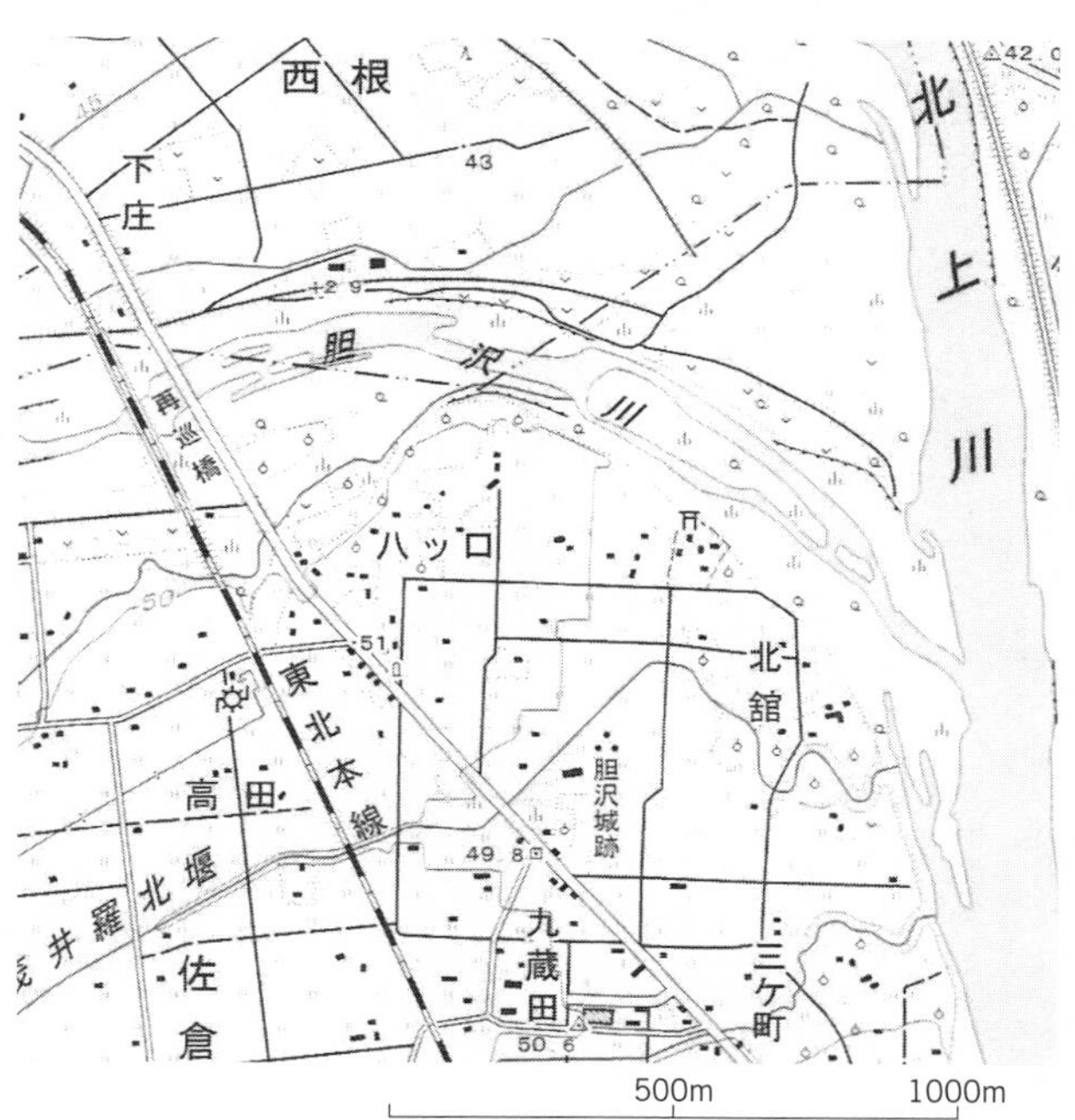

築かれ、多賀城から鎮守府が移された。

例えばこの胆沢城は、図3－3のように、北上川に胆沢川が注ぐ合流点の南西の低地に位置し、一辺六七〇メートルほどの方形であり、周囲は高さ三・九メートルの築地と幅三〜五メートルの溝で囲まれていた。その中央付近に、一辺九〇メートルほどの塀で区画された政庁域があった。胆沢城一帯は多賀城以上に平坦であり、政庁と駐屯地が築地で囲まれて防壁となっていたが、やはり付近に山城を築くような山は存在しない。

これまで見てきたように、古代の城柵は平地や低い丘陵に築かれた、鎮守府・国府などの政庁と兵の駐屯地を、築地または木材塀で囲んだものだった。城柵に山城（逃げ城）は付随していなかったし、山城を築くことができるような地形条件は選ばれていなかった。

方形平地居館の系譜――六波羅と鎌倉

古代の山城は逃げ城、城柵は駐屯地・政庁だったが、いずれも多くの人が住む城ではなかった。

一方、左・右京からなっていた平安京では、一〇世紀末ごろの『池亭記』に、すでに右京が廃れたと記されている。京は、左京（洛陽とも、後に東部付近が洛中と称された）域中心の都市となった。さらに一一世紀後半から一二世紀にかけては、院政の中心が鴨東（鴨川東岸）の白川や、洛南（羅城門から作道を南へ行った地域）の鳥羽に出現した。

一二世紀後半には、もともと公家ではなく、兵力を持った武家である平氏が事実上の政権を確立した。平清盛の泉殿をはじめ、平頼盛の池殿など、平家の有力者たちの館の多くが、鴨東の六波羅に築かれた。もともと伊勢平氏の平正盛が六波羅館を構えた地だった。

強力な院政を展開した後白河法皇もまた、平氏の力を背景として永暦二年（一一六一）には、六波羅の南に広大な御所（法住寺殿、現在の三十三間堂を含む）を造営した。

六波羅はもともと平安京の葬送地だった鳥辺野に近く、六波羅蜜寺などの寺院もあった。場所は五条大路末（五条大路の延長路、現在の松原通）付近から七条大路末（七条通）一帯だ。

市街地だが地形の様相が比較的わかりやすい、明治時代の仮製二万分の一図を見てみたい。図3－4にみられるように東山の山麓に近いが、標高三五～四五メートルほどの緩やかに傾斜した平地だ。東側に東山、西側に鴨川を控えた、かつて平安京を表した山河襟帯のミニチュアのような場所ともいえよう。

平氏の諸館は、東山からの小流を引いた庭園を伴い、築地塀をめぐらしていた。洛中の多くの公家邸に準じた様相であり、戦闘専用の堀や土塁などは備えていなかったとみられる。

むしろ六波羅の最大の特徴は、同図にみられるように、中央部に東山を越える渋谷越（街道）と呼ばれる道があることだろう。このルートを通じて東海道へと接続し、伊勢平氏の拠点だった伊勢国との交通が便利だったとみられる。

図3-4　六波羅付近（仮製2万分の1地形図「伏見」）

清盛没後、平氏政権を滅ぼした源頼朝が鎌倉に幕府を開き、武家政権の中心とした。源頼朝が建久元年（一一九〇）に上洛の際、六波羅に「御亭」を新造した（『吾妻鏡』、以下同様）。その後、承久の乱の鎮圧に幕府軍を率いて上洛した北條泰時・時房は、「六波羅北方・南方」として、六波羅において乱後の処理にあたった。後に

「六波羅探題（六波羅北庁・南庁）」と呼ばれる政庁だ。

理由はやはり、何といっても渋谷越による東海道・東山道と直結した交通位置だろう。東国からの京への出入り口であり、鎌倉とのアクセスのよい地点だった。

鎌倉もまた類似の立地条件だった。図3―5のように、北と東西を山、南を海に囲まれた、山河ならぬ山海襟帯の地であり、東海道にもわずか四～五キロメートルほどの場所だった。

初期鎌倉の大倉御所（幕府）は、鎌倉市街東北部、鶴岡八幡宮東方の雪ノ下地区にあったと考えられている。山村亜希の推定によれば、東西が東・西御門川、南北が六浦道と山麓に近い水田列（明治時代）に限られた平坦地における、ややゆがんだ矩形の範囲だった。その後幕府は「新御所（宇都宮辻子幕府）」「御所（若宮大路幕府）」と移った（『吾妻鏡』）が、いずれも平坦地だった。

これらの幕府推定地は発掘調査が行われていないので施設の実態は不明だが、例えば今小路西遺跡（御成小学校内）の遺構は、鎌倉時代末頃の礎石建物の主屋といくつかの殿舎、井戸・庭からなる高級武家の邸宅のものだった。六波羅における武家の邸宅とも類似の形状だったとみられる。

図3-5　鎌倉（旧版2万5千分の1地形図「鎌倉」）

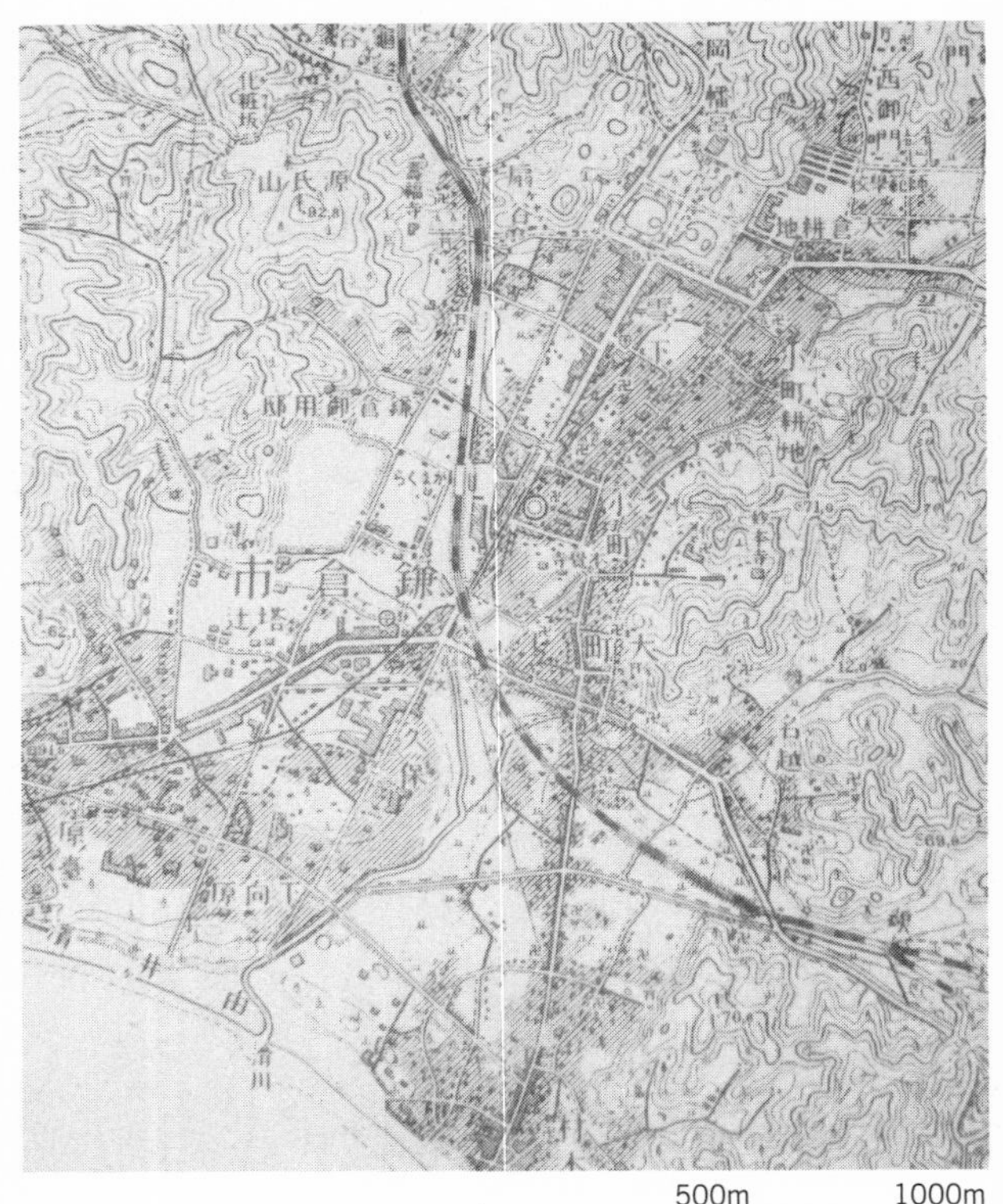

『一遍聖絵（巻五）』には、若宮大路と思われる描写がある。板葺きのようないろいろな形の民家が並んだ家並みが描かれ、道の中央には溝が走り、ところどころに板の橋が渡してある。これらは絵師の認識だろうが、戦闘に対応するような施設は描かれていない。

周囲が山で取り囲まれた鎌倉は、坂や切通しを通して四周と結合していたが、それらが同時に外敵の防御地点でもあった。しかし、御所や武家の邸宅を含め、坂や切通し以外に、人工的囲郭や城壁のような構造はなかったとみられる。

守護大名の平地居館――山口と豊後府内

鎌倉の各御所や今小路西遺跡の居館のような武家の館を、方形平地居館と呼ぶことにしたい。さまざまな規模の方形平地居館が、六波羅や鎌倉以外にも各地に所在した。

例えば、山口市の「大内館」が一例だ。もともと鎌倉幕府の御家人だった大内氏は、建武新政の時代に守護に任じられて周防に移住したという。二四代大内弘世の時に大内館を築き、次代義弘は周防に加えて和泉・紀伊・長門・豊前・石見の計六カ国の守護となった。

大内館の位置は、図3－6の旧版地形図にみられる、北から南へ張り出した山の先端に記入された毛利邸のやや南方にある（囲み部分）。山口市街の中央部付近を南北に走る竪小路

図3-6　大内館（旧版2万5千分の1地形図「山口」）

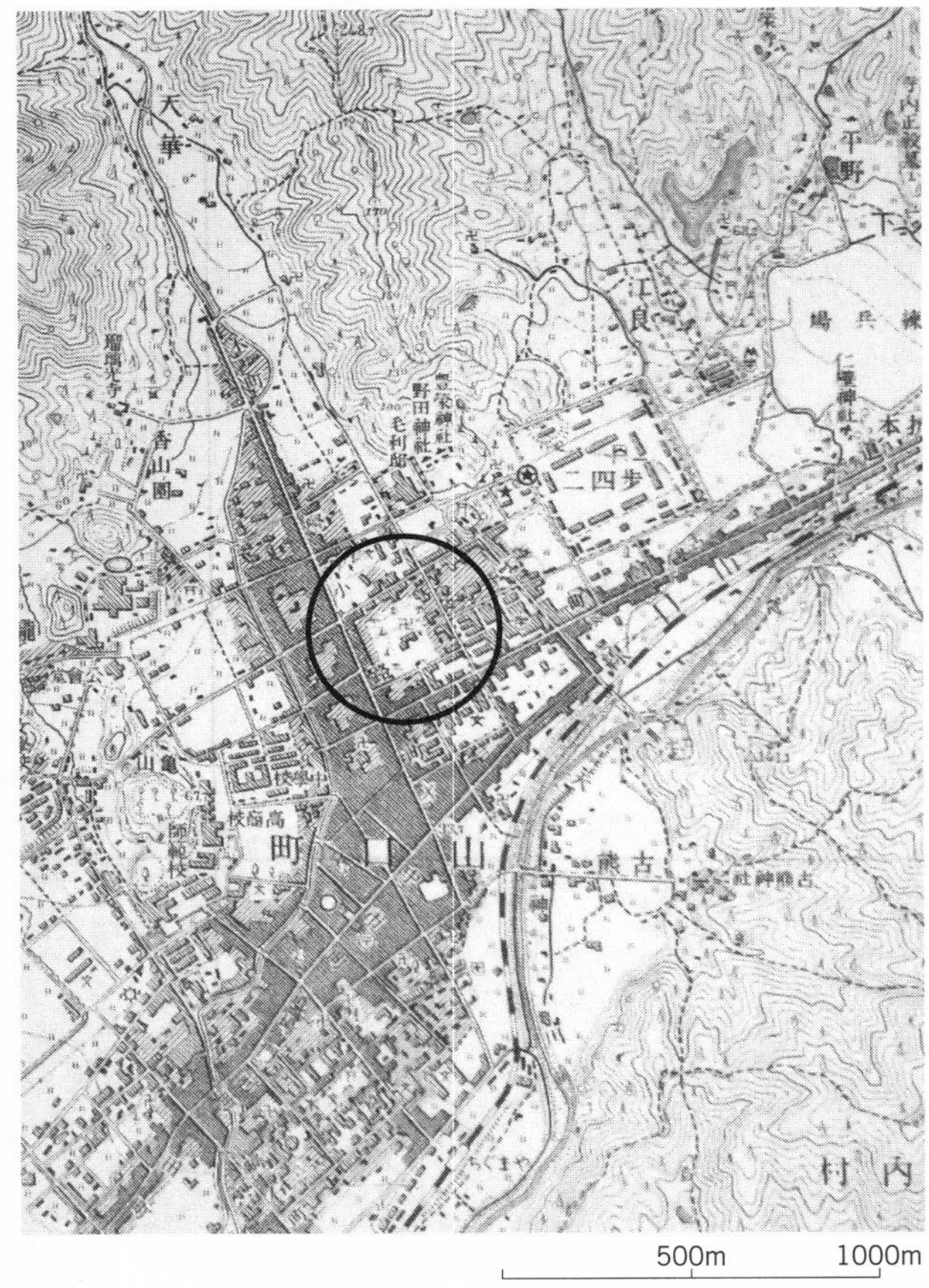

町の通の東側にあたる、中央に寺院（龍福寺）のある方形の区画にほぼ相当する範囲で、発掘調査によって空掘に囲まれた長方形の居館だったことと、内部に池泉庭園があったことが知られている。しかも、二回にわたって拡張され、最終的には東西約一六〇、南北一七〇メートル以上の規模となっていた。

大内館は、一ノ坂川が形成した扇状地の扇央部にあり、すぐ北側には別邸「築山館」があった。現在は市街地であるため、旧版地図でも分かりづらいが、大内館の南側の標高三五～三七メートル付近で傾斜が変わるので、両館ともやや傾斜のある扇状地上に位置する。しかし形状と立地の双方から見て、典型的な方形平地居館だった。

大分市の「大友館」（大友氏、当時は豊後府内）は、さらに大規模な平地居館だった。大友氏もまた大内氏と同様に、もと鎌倉幕府御家人であり、豊後国守護に任じられたが、さらに鎮西奉行も務めた。第一〇代親世（ちかよ）の代に領国を拡大し、また大友館の整備を進めたとされる。

第二一代の義鎮（よししげ）（宗麟）は著名なキリシタン大名であり、大友館に最後の大改修を加えたとされる。場所は、図3－7の旧版地形図にみられる大分川河口の西南方にあたる、大分旧市街の東南側だ。その大分市街の東端からまっすぐ南へ延びる、宮崎街道と記入された道路と、鉄道路線に、東と南を囲まれた部分に大友館跡があり（囲み部分）、発掘調査が進んでいる。

大友館は、全体として東西・南北いずれも約二〇〇メートルの方形だが、西南隅が矩形に凹んでいる形状だった。周囲は築地ないし土囲廻塀（どいまわりべい）と呼ばれている塀で囲まれていて、東南部に広大な池庭があった。大門は東に開いており、そこから西へと通路があって「大おもて・常御殿」などの中心施設へと続いていた。典型的な、また大規模な方形平地居館だった。

なお、図3－7の宮崎街道を少し南へ行ったところにある、標高約三〇メートルの平坦な台地上に上原館（うえのはるやかた）跡と呼ばれる遺構がある。東西一三〇メートル、南北一五六メートルの方形の土塁と堀跡が残っている。大友館との関係はよくわかっていないが、形状は方形平地居館に類似する。

このほかにも方形平地居館の発見例は多い。多くの場合一辺一町ないし二町ほど（約一一〇～二二〇メートル）の方形だった。取り上げた大内館や大友館は本来守護所だったが、守護所と方形平地居館との一般的関係は十分に明らかとはなっていない。いずれにしても、武家が居住した居館だったことが基本的な性格だった。

図3-7　大友館（旧版2万5千分の1地形図「大分」）

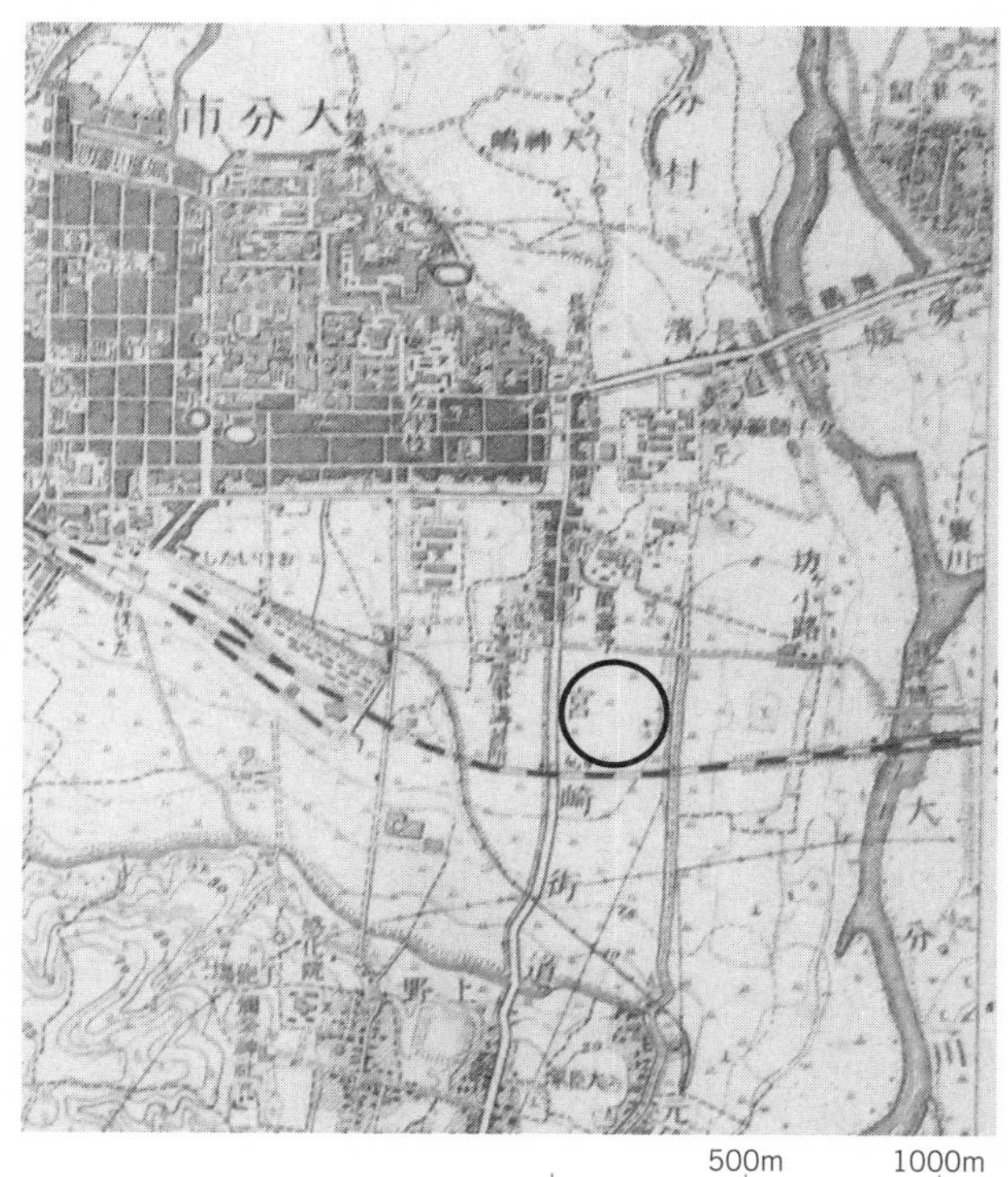

平地居館から中世山城へ——千早城と湯築城

一四世紀前半の南北朝期頃に、戦乱が多かったことはよく知られている。この時期の戦記物を彩るエピソードの一つに、楠木正成と幕府軍との戦闘がある。赤坂（阪）城と千早城が、その舞台だった。『太平記（巻第三）』は次のように描いている。石川（大和川の支流）を過ぎて「赤坂城」のありさまを見ると、

にわかにこしらへたると覚て、はかばかしく堀をもほらず、わずかに塀一重塗て、方一、二町には過ぎじと覚たるその内に、櫓二、三十ガ程掻きならべたり。

この記載では、赤坂城（現在は赤阪城、以下赤坂城）が一辺一〜二町以下の方形平地居館だったように記していることになる。史跡赤阪城跡の記号と名称は、図3－8のように千早赤阪村役場から千早川の上流側（東条川）の西岸に記されている。付近は両岸に河岸段丘があって、グラウンドや駐車場を含む中学校敷地と、その西側に一段高い平坦面があり、居館を構えることができたと思われている平地（段丘面）がある。ただし『国史跡千早城跡・楠

木城跡・赤阪城跡保存管理計画書』も、「当時の面影をうかがうのは困難である」としており、後世、大幅に改変されているとみている。

さらに、『太平記』の右の記述の少しあと、「寄手三十万騎」に対し「城中より三つの木戸を同時にさっとひらいて、二百余騎」が打ち出た、と記されている。この表現もまた、まさ

図3-8 赤阪城跡と上赤阪城跡
(2万5千分の1地形図「御所」)

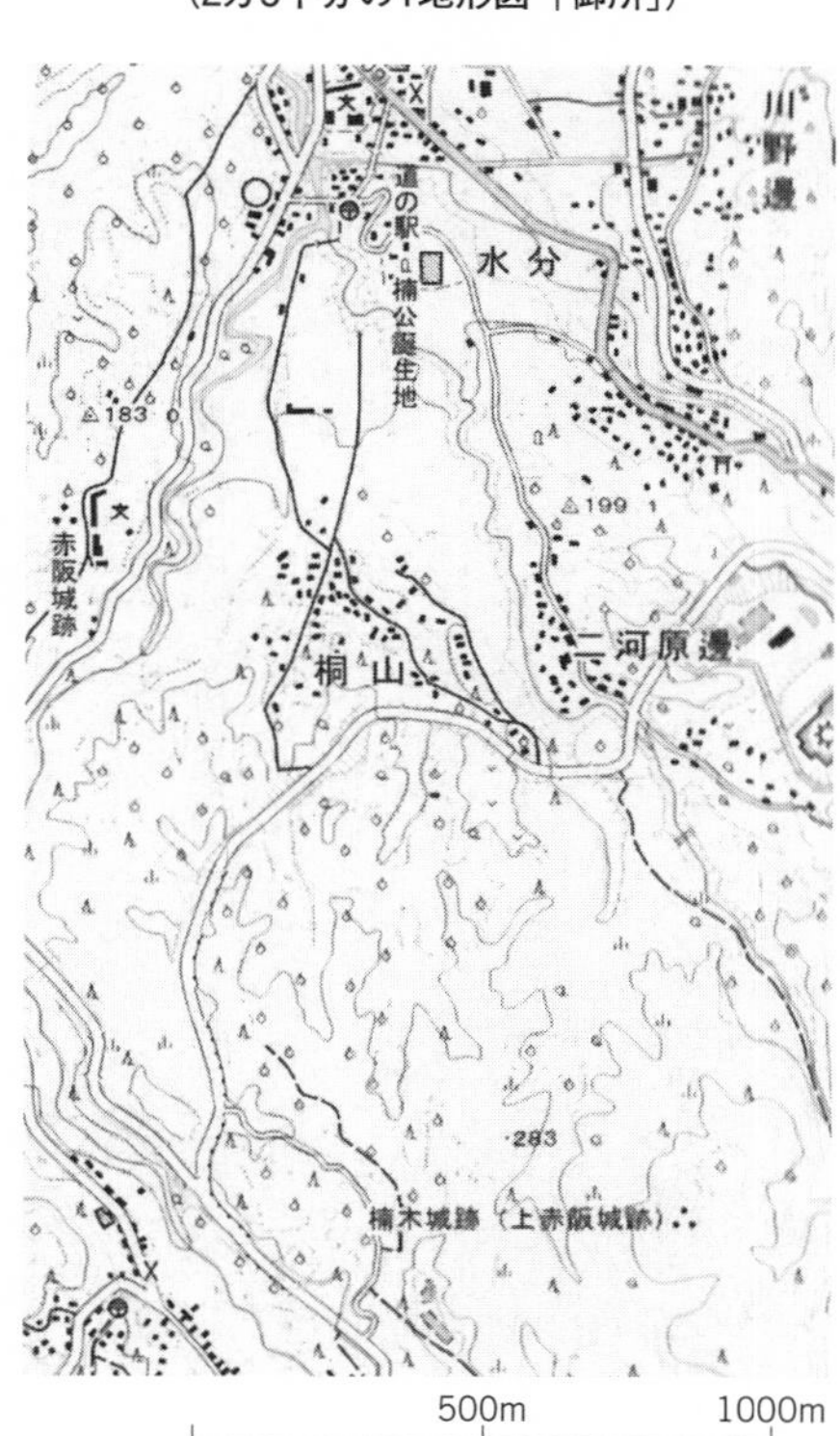

しく平地居館の状況を思わせる。

同巻には、この戦闘に先立って「己が館の上なる赤坂山に城郭を構へ、その勢五百騎にてたて籠もり候」と、赤坂山に山城を構えて別動隊を配備したとされる。楠城跡（上赤阪城跡）とされる史跡は、約一五〇〇メートル東南方の標高約四〇〇メートルの山上にある。現在山の尾根に残る曲輪群が『太平記』の時代の遺構であるかどうか（応仁の乱時の再構築の可能性もあるか）の調査報告はないが、この記載によれば、平地居館と、背後の山における戦時の中世山城とのセットだったことになる。いずれにしろ、このような形で文献に見えるのは非常に早い時期の例だろう。

『太平記（巻七）』はさらに、赤坂城において多勢に無勢で破れ、逃れた楠木軍が、千劔破（ちはや）（千早とも、以下千早）の城に籠り、そこへ「百万騎」が押し寄せたと記す。

さらに同巻には、「この（千早）城、東西は谷深く切れて、人の上るべき様（よう）もなし。南北は金剛山に続きて、しかも峯絶たり（峯が、かけ離れて聳えている）。されども、高さ二町ばかりにて、廻り一里に足らぬ小城なれば」と表現している。そこでの戦闘の様子の描写は、すでにさまざまに知られているので繰り返すまでもないだろう。

史跡千早城跡は、河内の平野部から千早川の谷を遡った旧千早村（大阪府千早赤阪村）の

図3-9　千早城跡（2万5千分の1地形図「五條」）

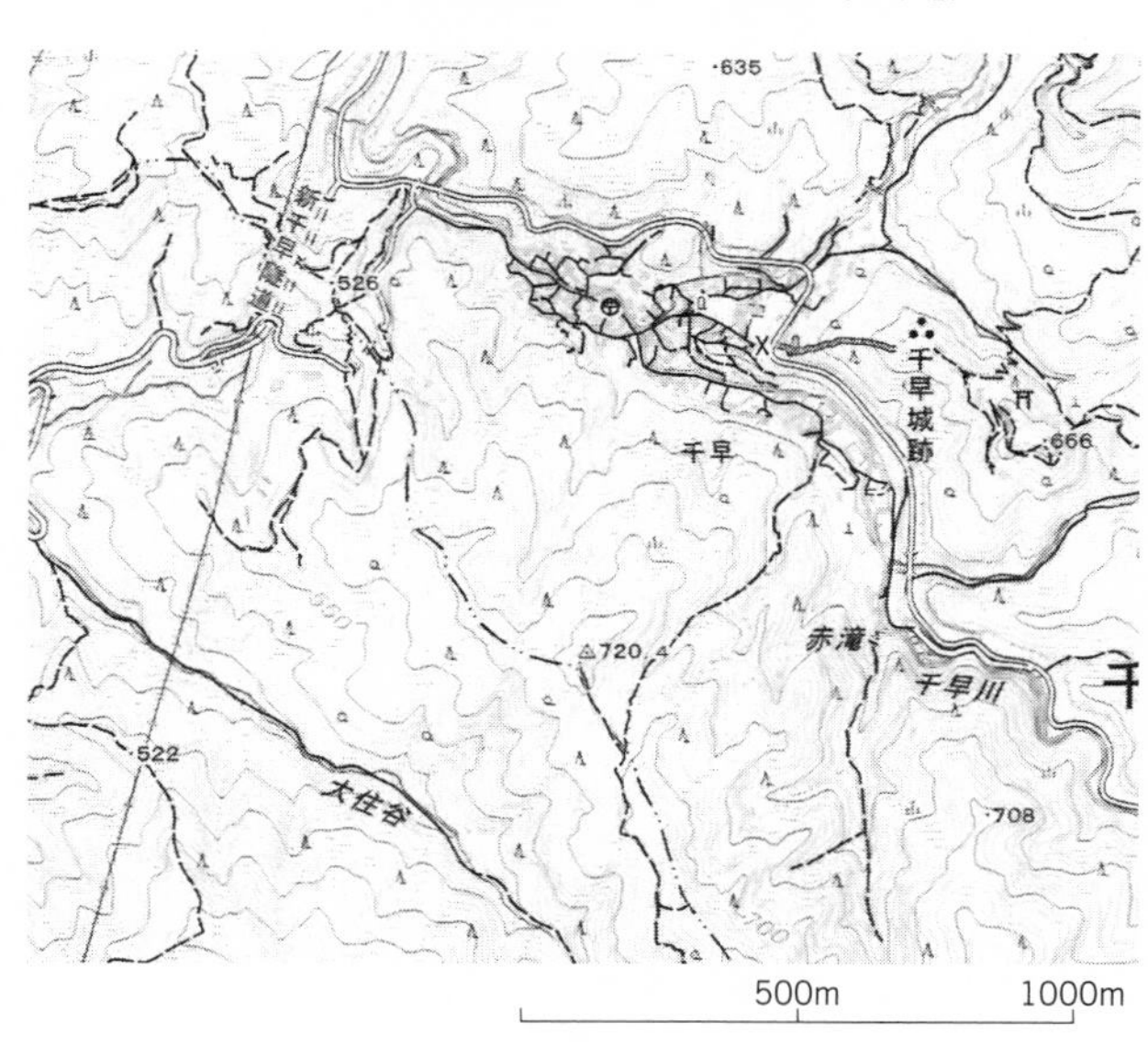

東、村からの比高（近くの平地からの高さ）約五〇〇メートルの高所（標高九五六メートル）にある（図３—９参照）。この位置からすれば、史跡千早城跡は周囲を深い谷に囲まれているが、付近には全体として東西方向の谷筋があり、峰は南北に続いている。南方の金剛山地の千早峠ないし久留野峠を経て、紀ノ川河谷に向かうルートの東側だ。

　このような立地の千早城には、麓に平地居館を構える平地はなく、また平地居館の赤坂城からも遠く、直線距離でも五キロメートル以上も離れている。赤坂山の城（上赤阪城跡）とともに準備されていたか、あるいは赤坂城での敗戦を踏まえて、次に準備した山城が千早城だったか、のいずれかだろう。

いずれにしろ、千早城には平地居館を伴っておらず、山城そのものに楠木軍が籠城し、恒常的ではなく非常時ではあっても、一時的には山城に居住・駐屯したものだろう。

このような、赤坂城から千早城への立地の移動とは、平地の方形居館（山城を伴う）から中世山城への、城の立地と構造の変化だろう。しかも一四世紀前半という、早い時期だった。

中世の山城は、『太平記』が記す赤坂城や千早城のように文献で時期が知られる例は多くないが、山地にあったこともあって遺構を残している例が多く、考古学的な調査が進んでいる場合がある。その結果、一五世紀中ごろに山城が発生している場合が多いとされている。

例えば、白旗城（兵庫県赤穂郡上郡町）は、標高四四〇メートルの白旗山頂付近にある。山そのものが、北と西を千種川とその支流に、また東と南を鞍居川とその支流に囲まれており、両川の合流点にある上郡の現市街地との比高が四〇〇メートル以上に達する。

白旗城は、尾根上に小さな平坦地群が数多く並ぶ形で構成されている。ほぼ東西南北へと延びる尾根を、ところどころに堀切を設けて区切り、全体を九～一〇の曲輪（くるわ）としたものだっ

図3-10　湯築城跡（2万5千分の1地形図「松山北部」）

たことが知られている。千早城や白旗城のような中世の山城は、戦時の攻防に対する、土塁や堀などの備えが最大の特徴だったといえよう。

一方、赤坂城や千早城と同じころに築かれたという伊予国湯築(ゆずき)城（松山市道後公園）は、これほど急峻な山城ではない。湯築城は、図3－10のように、標高七一・四メートルの小丘上にあり、周辺の松山市街からの比高も三五メートルほどでしかなく、とても千早城や白旗城と同じような中世山城とは言えない。一六世紀前半ごろに

写真3-5　丹生島城（大分県臼杵市）

は堀が掘られたとされ、現在は堀・土塁・郭跡が残っている。むしろはじめは、平地居館が丘の上に築かれたような状況だったとみた方が実際的だろう。

湯築城は、低い丘の上という地形条件の点で、むしろ大友氏の上原館や、臼杵の丹生島（にゅうじま）城（臼杵市）と類似する。丹生島城は、大友宗麟が弘治三年（一五五七）前後に、豊後府内から臼杵へ移した本拠だった。すでに大友氏一六代の政親が、一時的に臼杵に本拠を移していたというが、城は臼杵湾の島であり、標高一七メートルに過ぎない。とはいえ水面上であり、標高そのままが比高でもある。写真３－５のように周囲は険しい崖だ。ただしこの丹生島城は、後に近世城郭としてつくり変えられたので、写真の崖に大きな変化がないにしろ、宗麟の時期の城の構造は不明だ。

急峻な山上の中世山城とは異なるが、平地から丘の上に居館を移した例があったことになろう。

戦国期の山城と居館――一乗谷・清水山城・安土城

大友宗麟による丹生島城への本拠移動は、中国地方の毛利氏との戦いがあった時代だとされる。この時期は、大友・毛利両氏の間のみならず、戦乱の多い時代であり戦国期と呼ばれる。応仁の乱が始まった一五世紀後半から、一六世紀後半ごろの百年ほどを戦国時代と呼ぶことが多い。

この時期の戦国大名の居館や城郭には著名なものが多い。一乗谷（福井市）の朝倉館はその一つで、遺構が良い状態で残っていることと、発掘調査や一部の復原が進んでいることでよく知られている。

一乗谷は、九頭竜川の支流である足羽川へ、南から注ぎ込む一乗谷川に沿った小さな河谷であり、福井市街から東南方へ約一〇キロメートルのところだ。図3－11のように北側に下城戸跡、南側に上城戸跡があり、その間約一・七キロメートルが城戸の内（福井市城戸ノ内町）と呼ばれている。

城戸の内には、朝倉館のほか、侍屋敷、寺院、職人・商人の家などが互いに接して存在し、いわゆる城下町を構成していたことが確認されている。一乗谷へは、文明三年（一四七一）に朝倉敏景が本拠を移したというが、一六世紀中ごろの全盛期には人口一万人以上に達していたと推定されている。一乗谷朝倉氏遺跡として、全体が特別史跡に指定されている。

下城戸には、幅一八メートル、高さ五メートルの土塁が残り、北側に幅一〇メートルの堀があった。土塁の西端に巨石で囲まれた虎口（城門、写真3－6）があり、巨石は推定一〇トン以上、最大のものは四〇トン以上と推定されている。上城戸の方は土塁のみであり、巨石は用いられていないが、いずれも城下の北と南の防衛施設だ。ほぼ中央の東側の山麓に朝倉館があり、図3－11には特別史跡一乗谷朝倉氏庭園と記入されている。

朝倉館は西・南・北の三方が高さ一・二～三メートルの土塁と、幅約八メートルの堀で囲

図3-11　一乗谷（2万5千分の1地形図「永平寺」）

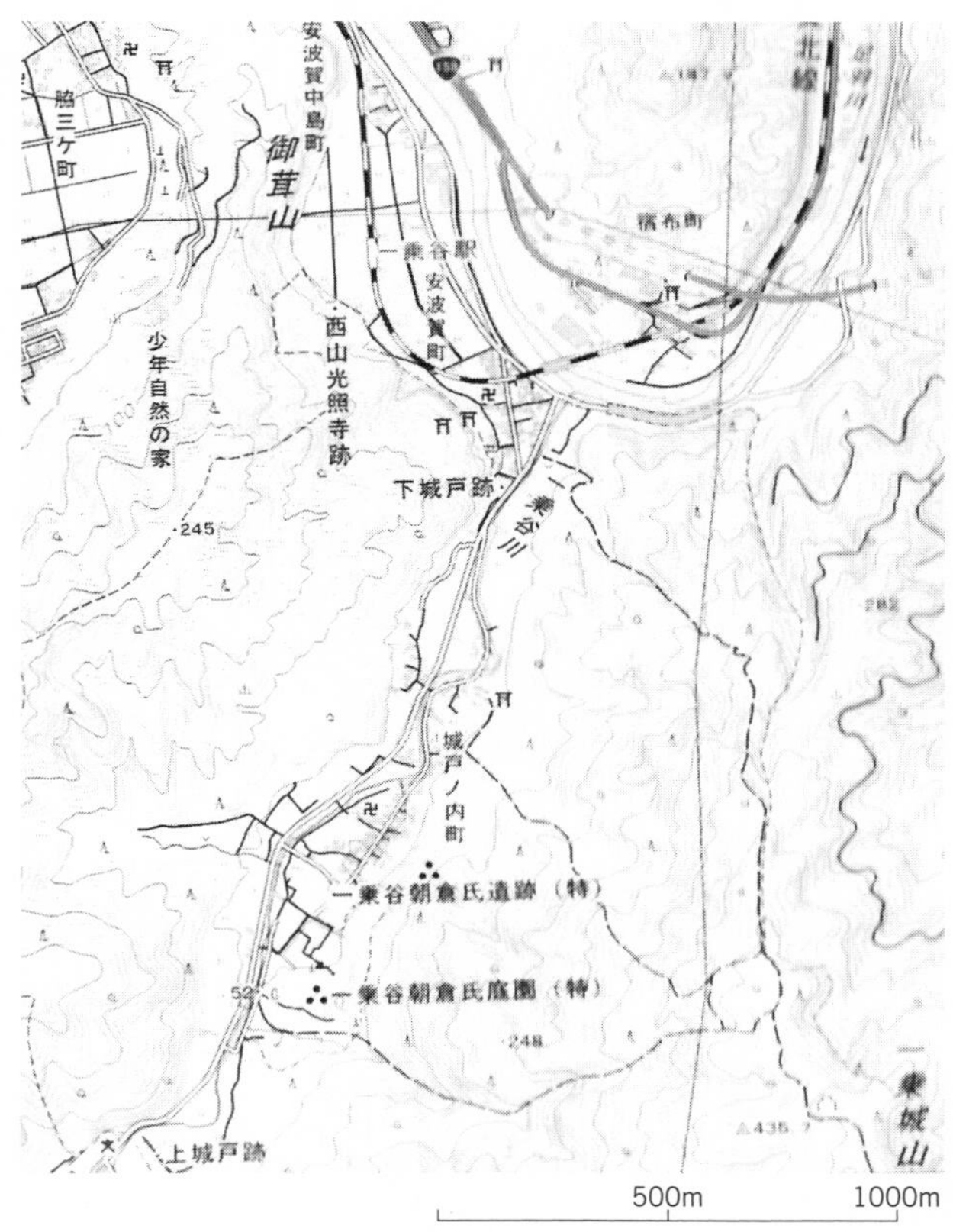

写真3-6　一乗谷の下城戸

まれ、面積は六四〇〇平方メートルほどだ。写真3－7のように西側に門（復原）を開き、東側は山地だ。館（やかた）内には、主殿・会所・台所・厩などからなる二〇棟近い建物跡が確認され、先述の庭園は東南隅の山際にある。朝倉館そのものは平地居館だが、城下そのものが山と城戸（土塁）で防御されていた。

一乗谷は地図にみられるように、一乗谷川の足羽川への合流点以外は、全体が山で囲まれているが、東方の一乗城山には山城が築かれていた。曲輪・空堀・堀切・竪堀・土塁などの遺構が確認されており、標高

写真3-7　朝倉館

四一六メートルの本丸（千畳敷）を中心に、尾根沿いに三つの曲輪がある構造だった。一五世紀前半につくられたと推定されているが、山城は実戦の場となったことがないという。

実戦の場にならなかったにしろ、一乗谷は平地の居館と中世山城のセットの構造ではある。山と城戸に全体が囲まれた谷底に大名の居館があり、その周囲一帯の侍屋敷群に加えて、商人・職人の町を伴っているところが、一乗谷の大きな特徴だろう。

一乗谷とは異なって、山城そのものがすでに居城だった場合もある。戦国の同時代を生きた太田牛一の記録である『信長公記』は、天文二四年（一五五五）のくだりに、美濃を制した斎藤道三が「父子四人共に稲葉山（岐阜市金華山、標高三二九メートル）に居城なり」と記し、山上に居住していたとしている。

さらに道三自身が「作病を構へ、奥へ引入り平臥候キ、（中略）山下の私宅へ下られ候」と記している。病を得て寝込み、一カ月ほどして山城を降りて（麓の平地は標高二〇メートル弱）の私宅へ移ったというのだ。山城を居城とし、かつ麓に平地居館を構えていた例だ。

一方、この時代の清水山城（史跡、滋賀県高島市新旭町）も山城であり、地方有力者の居城だったが、これらとはやや異なった状況だった。図3－12に清水山城館跡と記入された、標高約一九〇メートル付近に本丸があった。東麓の平野にある熊野本と安井川（いずれも高島市新旭町）の集落を南北走する西近江路と、さらに南の安曇川を見下ろす地点であり、湖西（琵琶湖西岸）における水陸交通の要衝を扼（やく）する位置だ。

山上の本丸付近には数多くの曲輪がつくられ、尾根の各所を堀切で区切っていることが知られ、また攻撃を防ぐための竪堀や畝状空堀群といった、傾斜方向の溝や窪地の存在も確認

図3-12　清水山城跡（2万5千分の1地形図「今津」）

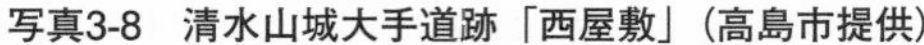
写真3-8　清水山城大手道跡「西屋敷」(高島市提供)

されている。

さらに特徴的なのは、写真3－8のように、本丸へ向かって斜面をほぼまっすぐに上る大手道が残っており、その両側をはじめ、各所に写真3－9のような低い土塁に囲まれた屋敷跡が確認されることだ。このような屋敷跡は、清水山屋敷地、東屋敷、西屋敷、井ノ口館などと名付けられた四カ所の屋敷群にわたって、何十箇所も残っている。

清水山城の城主を明確に記した史料はないが、西佐々木氏の一族「(高島河上)七頭（かしら）」の惣領家を中

写真3-9　清水山城屋敷跡「東屋敷」（高島市提供）

心に、山腹に多くの侍の居館が存在していたと推定されている。反織田信長方の湖西の拠点であり、信長の近江制圧の過程で落城したものだろうと推測されている。

その信長は、天正四年（一五七六）から安土城（天守は天正一〇年焼失）を築き始めた。安土城は戦国期の城と位置付けるより、近世城郭の嚆矢とみるべきだろうが、山上の城郭に加え、山腹に家臣団の居館を伴うという点では清水山城と類似する。

安土城は、図３－13のように、湖畔の安土山（標高一九九メート

図3-13　安土山（旧版5万分の1地形図「近江八幡」）

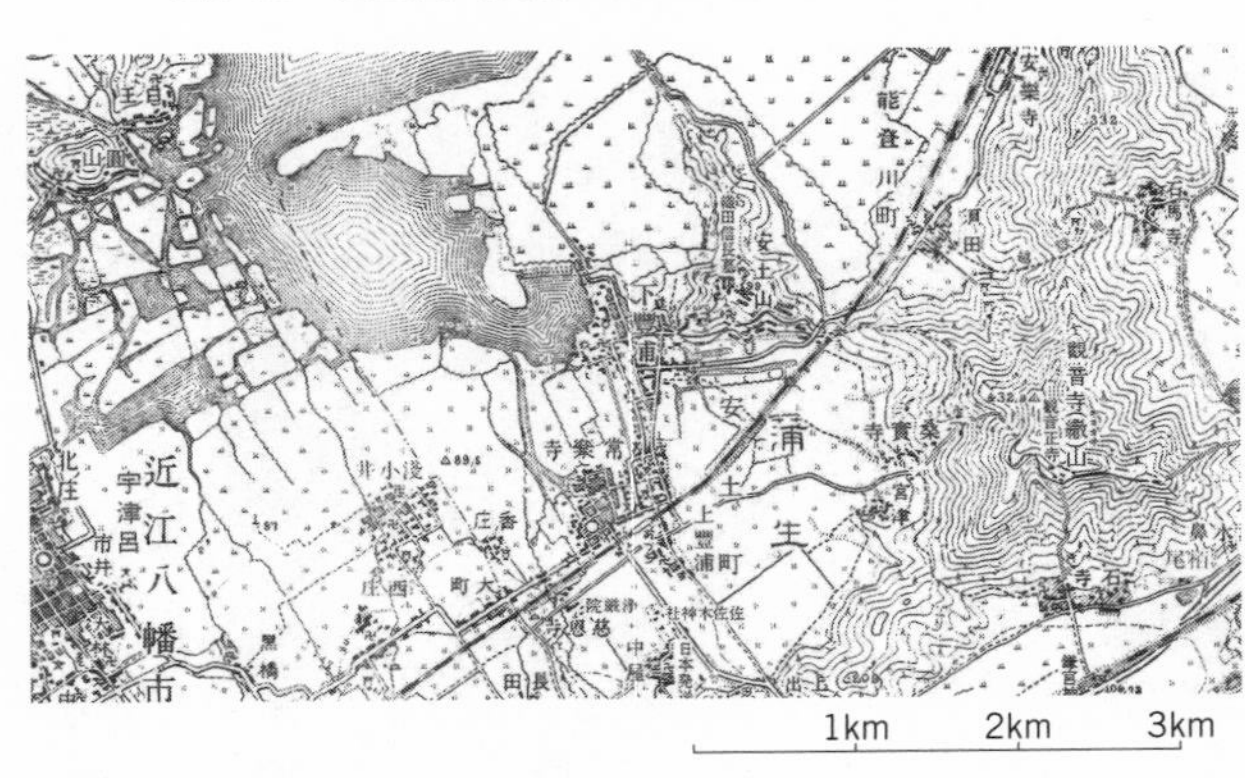

ル）に築かれた。麓付近の平地が標高八七〜八九メートル程度だから、比高一一〇メートル程度である。現在は、麓一帯の大半が干拓されて農地となっているが、この旧版地形図では、安土山西部に水面（大中ノ湖とそれに続く西ノ湖、いずれも琵琶湖の内湖）がみられる。一六世紀には、大中ノ湖の水面が麓付近まで広がっていたとみられ、琵琶湖水運とも直結していた。

信長は近江進出後すぐに琵琶湖水運を重視し、安土城築城より前の元亀四年（一五七三）五月、「舟の長さ三十間・横七間、櫓(ろ)を百挺たてさせ、艫舳(ともへ)に矢蔵を上げ」た大船を建造していた。七月にはこの船で「風吹き候といへども、坂本口へ推付け御渡海なり」

写真3-10 安土城大手道（近江八幡市提供）

と、佐和山の西麓の松原内湖（滋賀県彦根市）から琵琶湖を船で渡り、湖西の坂本に着けて入洛した（『信長公記』）。

安土城跡では発掘調査によって、安土山山頂の南麓中央付近から、幅約六メートルの大手道（写真3－10）がほぼまっすぐに八〇メートルほど延びていたことが判明している。麓からはまっすぐに斜面を上がり、左折した後にやや曲がりつつ進んで、天守を守る虎口に至ることが判明した。

しかも大手道の両側に、広い屋敷跡がひな壇状に並んでいたことも知られた。この中には伝羽柴秀吉邸跡や伝前田利家邸跡などがあり、有力家臣団の屋敷群が計画的に配置されていたとみられている。

天守についても『信長公記』は、「石くら（蔵）のうち」の「一重土蔵」から「上七重目」までの各層を詳細に記しているので、地下一階、地上六階だったことが知られる。規模については天守の復原案はいくつかあるが、発掘された遺構からしてもこの構造自体は確認されている。

このように、安土城には天守が存在し、大手道の石段、屋敷地造成の石垣が構築され、屋敷群の計画的な配置があった。

すでに述べた清水山城では天守がなく、土の大手道、土塁で囲まれた屋敷群だった。しかし、山頂に天守ないし本丸、山腹に大手道と屋敷群が存在したといった基本形は共通する。岐阜城や清水山城のように戦国期の山城には、単なる戦時の城砦のみとしてではなく、城主一族をはじめとする居館並びに山腹の屋敷群を備えたものが出現したことになる。安土城はその完成形ないし発展形と位置付けるべきだろうか。

なお、図3－12の地図が表現する範囲は、著名な城郭跡がいくつも集中する極めて特異な地域である。

安土山の東側から東南にかけて存在する観音寺山（繖（きぬがさ）山、標高四三二メートル）には、一四世紀中ごろから佐々木（六角）氏が拠った中世山城があった。西佐々木氏が拠った清水山城と同様に、観音寺城もやはり信長に落とされたが、佐々木六角氏本流の居城だった。

さらに西側の図外だが、大中ノ湖の西の鶴翼山（標高二八六メートル、近江八幡市街の北側）には、天正一三年（一五八五）に入部した豊臣秀次によって、消滅した安土城に代わる八幡山城が築かれた。居館は本丸の北につくられたが、山腹の傾斜はきわめて急であった。

このように、観音寺山城・安土城・八幡山城が集中したのは、付近が水陸の交通の要衝となる立地条件を重視していたからだった。湖東山地が東南から西北へと張り出して、湖東の平野が狭くなる地域で、東山道が観音寺山のすぐ東南麓の狭隘な部分（箕作山との間）を通っている。

さらに、琵琶湖および大中ノ湖など内湖が、深く内陸に入り込んでいて、水運にも好条件だった。この沿岸には、聖武天皇の時代にも、すでに触れた港湾施設があり、内陸の紫香楽宮へ貢納物が運ばれたとみられる地点だった。

安土城にはまた、西南の下豊浦の地に城下が構築された。『信長公記』にも、「足入沼（足を入れると動けなくなる泥沼）を鎮めさせ、町屋敷築かせられ、御普請これあり」と記され、城下の低地に町屋敷が造成されたことを記録している。

永禄一〇年（一五六七）、信長はすでに「加納（岐阜）」に「楽市楽座之上諸商売すへき事」

としているので、その方針を安土にも適用したとみられる。また観音寺城にも、南麓の石寺に城下の市があったとされる。安土・観音寺のいずれも、城下に市商人・職人を集めたという点でも注目される。

一方これらよりやや遅れて、豊臣秀次によって建設された八幡山城には、城郭と八幡堀で隔てられた南側に、城下の町屋地区がつくられた。この近江八幡市街は、ほどなく八幡山城が廃止されてからも、在郷町として商業で栄えた。

さまざまな城下における、侍屋敷・寺町・町屋等のありようについては、次章で改めて取り上げたい。

第　4　章

城はなぜ山から平地に移動したのか

山城から平城へ——上杉氏と毛利氏

一六世紀末ごろから城郭そのものの立地が、なぜか山城から平地ないし低い山や丘へと変わったり、平地や低い台地端に城郭が築造されたりすることが多くなった。まず山城から移動した例を見ていきたい。

有力な戦国大名の一人だった上杉謙信が、春日山城（新潟県上越市春日山町）を居城としていたことはよく知られている。謙信は春日山城から各地へ出撃し、信州の川中島（長野市）などで武田氏と、関東で北条氏と覇を競い、越中でも織田氏方と攻防を繰り返した。

春日山城の本丸は、図４－１に春日山城跡の史跡記号が記入された、標高約一八〇メートル付近の山上にあり、尾根上に数多くの曲輪が構築されていた。東側の関川流域の低地が標高一〇メートルほどだから、比高一七〇メートルの山城である。城主の館があったとされる春日山神社周辺の曲輪をはじめ、養子の景勝や上杉家重臣のいくつもの屋敷が、これらの山上ないし尾根上の曲輪にあったという。重臣居館の在り方は、前章で述べたように山腹にあった安土城や清水山城とやや異なるが、一つの典型的な山城である。

謙信没後の内乱（御館の乱）を経て、家督を相続した景勝は羽柴（豊臣）秀吉方につき、

図4-1 春日山城跡（2万5千分の1地形図「高田西部」）

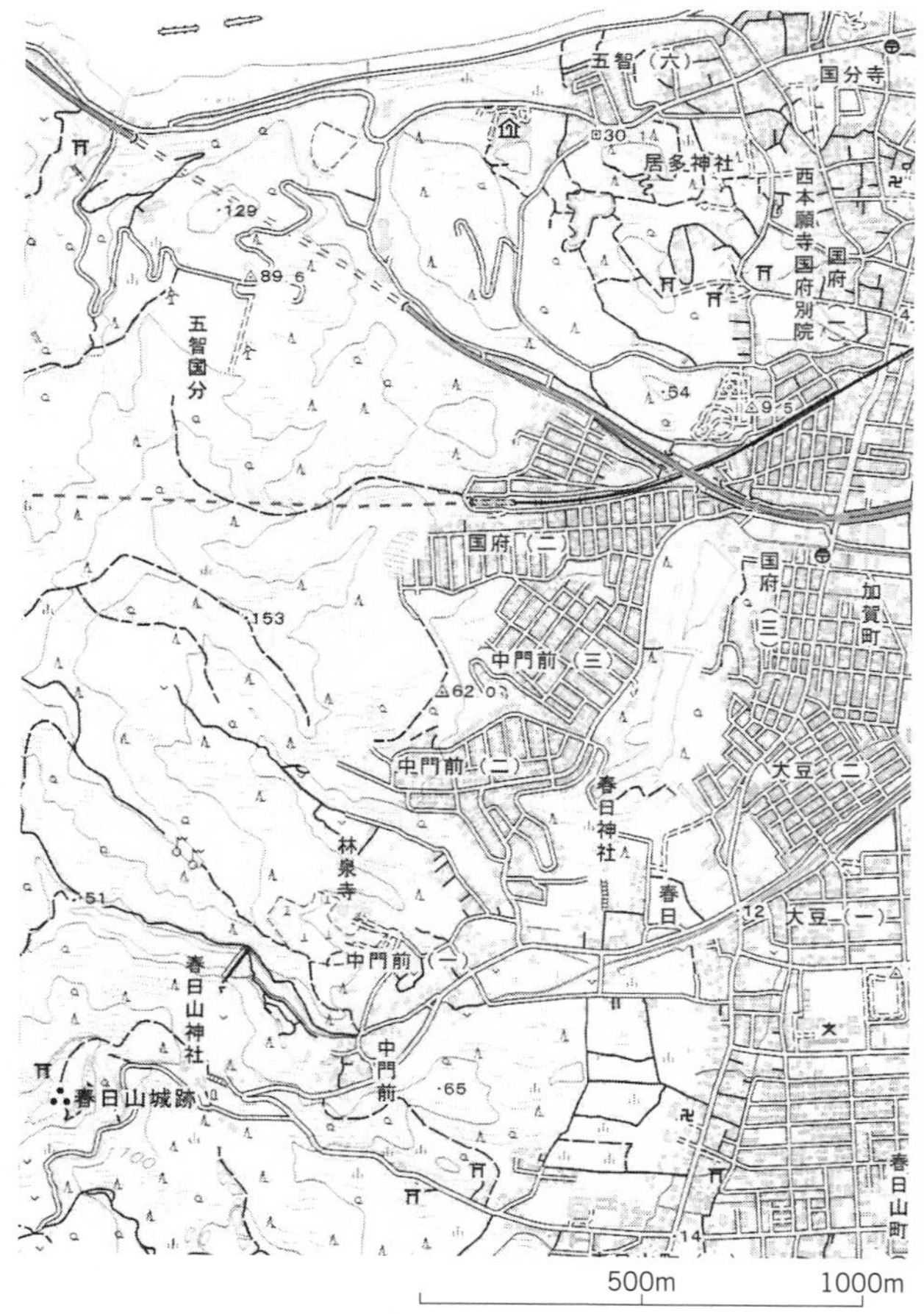

一方で佐渡と庄内（山形県北部）を平定して九一万石余の大名となり、豊臣家五大老の一人となった。

景勝は慶長三年（一五九八）、秀吉の命によって一二〇万石に加増され、会津へ入部した。秀吉による東北計略の一環として配置されたものだった。居城としたのは若松城であり、かつて伊達政宗が居城としたこともある黒川城の地だった。東北地方の戦略拠点だから、示威の必要性とともに、戦闘も視野に入った城郭だったと思われる。元の城主、蒲生氏郷によって若松と名付けられた地だったが、上杉以後は加藤嘉明、保科正之と城主が変わり、それぞれによって改変されたので、上杉時代の正確なところは不明である。

しかし、東から西に張り出した標高二四〇メートル程度の丘陵先端に建設された城だったことは変わらず、内陸盆地の城下との比高は二〇メートルほどだ。正保の若松城絵図（個人蔵）には、「本丸　平山城」と記入されている。

春日山城のような山城は表現の根拠がわかりやすいが、一般に平山城（ひらやまじろ）とされる城はやや分かりづらい。これについては、後に改めて触れることにしたい。

景勝が若松城を居城としてほどなく、秀吉が没した。景勝は、秀吉に代わって政権を掌握した徳川家康と対立した。ここでその経緯には言及しないが、対立の結果、景勝は三〇万石に減ぜられて米沢へ移封された。米沢城は現在の米沢市内の上杉神社の位置にあった。最上川西岸の標高二五〇メートル程度の平地上であり、周囲の市街と標高差はほとんどない、ほぼ完全な平城だった。上杉氏は、この城を代々の居城として明治を迎えた。

幕府が調進させた「正保城絵図」（図4－2）では、米沢城の城郭がほぼ方形の内堀と中堀に囲まれている。中堀と外堀の間および外堀の外側は、広い「侍町」であり、その北側と西側を屈曲した外堀が、西南側を堀立川が取り囲んでいた。東側と北側の外堀の外側には名前を記入しない小身の屋敷地区が並び、東側のさらに外側には寺町があった。これらの市街の外側一帯には田地が描かれている。

要するに、外堀の内側はすべて侍町であって家臣団に占められていた。米沢城下は領国管理と経営の拠点であり、縮小した領国にとっては非常に多い家臣団の居住地でもあったと思われ、町屋は外堀の内側にはない。

戦国期に山城（春日山城）を居城とした上杉氏は、豊臣政権下で平山城（会津若松城）へ移り、さらに徳川政権下において典型的な平城（米沢城）へと居城を移した。景勝は、実質的に米沢に封じ込められたことになるだろうし、実際に米沢城では、規模が小さくなった領国の経営に注力したことが知られている。

図4-2　米沢城正保城絵図（市立米沢図書館蔵、上が北、元禄7年（米沢）御城下絵図『日本の市街古図　東日本編』鹿島研究所出版会）

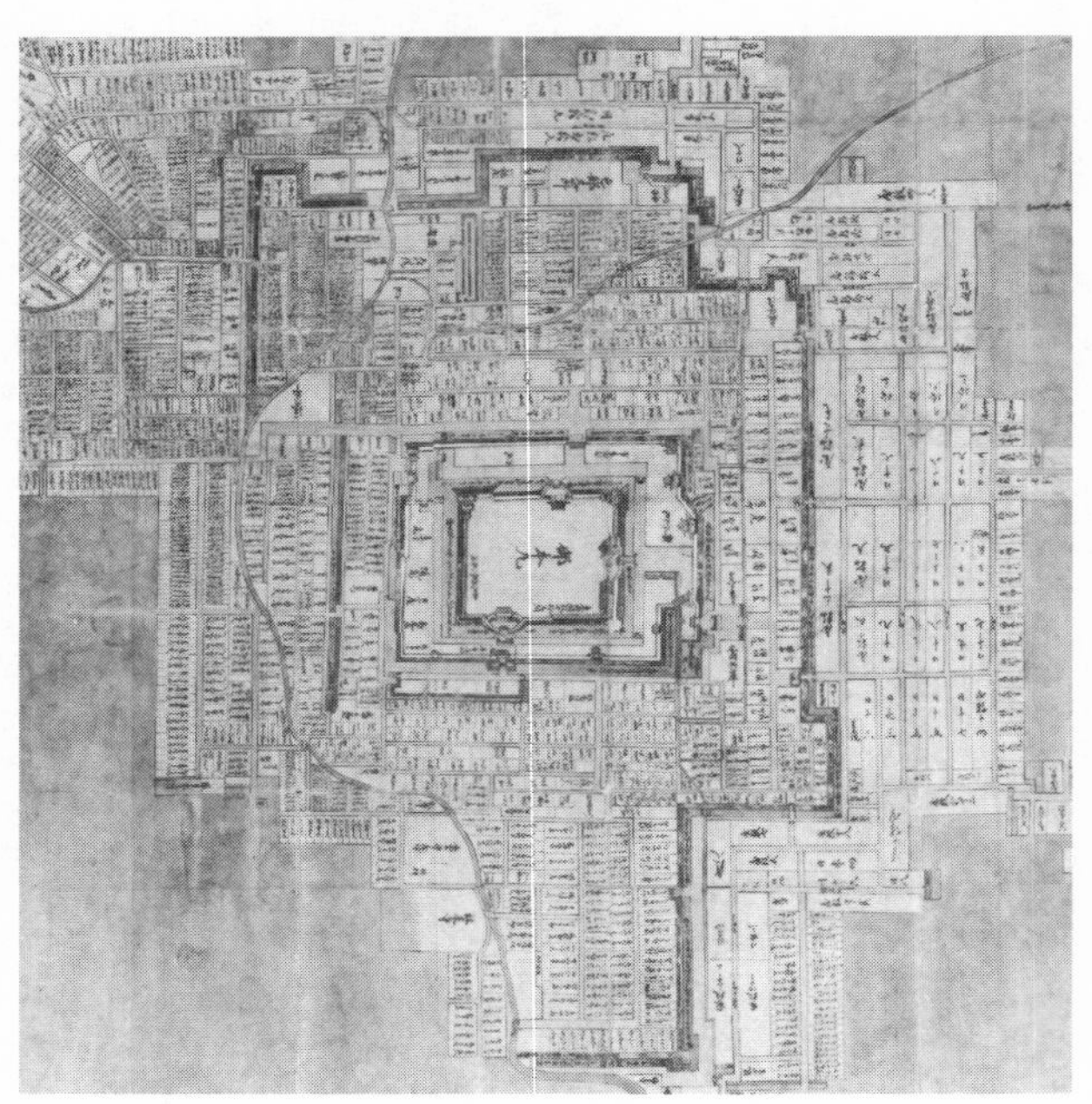

このように上杉景勝の居城は、典型的な山城から平山城へ、次いで平城へと移動したことになるが、この一連の移動と居城の在り方は、景勝自身の選択であるより、時々の政権の政策ないし意向によるところが大きいと言わねばならないだろう。

山城から平山城・平城への移行は、上杉氏のほか各所で見られたが、中国地方の毛利氏もまた、やはり山城から平城へと居城を移した。その移動には、上杉氏の場合とは異なって、毛利氏自体の勢力の動向、ないし意図のほうが強く働いていたと思われる。

毛利元就が中国地方を制圧した戦国大名として、織田信長と対峙したことはよく知られている。その六代前の元春が、室町幕府側の国人として吉田郡山城（広島県安芸高田市吉田町）に拠り、吉田荘を支配したとされる。一四世紀中ごろのことだった。

吉田郡山城は、図4－3のように中国山地の郡山（標高四〇二メートル、安芸高田市吉田町）にあった。東と南を日本海に注ぐ江の川に、西と北をその支流の多治比川と山部川に囲まれている。吉田荘の中心があったと思われる、南麓の吉田付近は標高二二四メートル前後だから、比高一八〇メートルほどの山であり、この点で春日山城と大差がない。山中ではあるが、中国地方の中ほどの地点であり、山陰・山陽両方面への出撃に便利な拠点だった。しかしその半面、周囲からの攻撃対象にもなったが、険しい山城に拠っていたこともあって、それを防いだ。

毛利氏は吉田郡山城において、東の山名氏（播磨）と、西の大内氏（周防）とに挟まれ、また山陰の大勢力である尼子氏（出雲）と対峙した。尼子軍に攻められた経験からも、本丸

図4-3　吉田郡山城跡（2万5千分の1地形図「安芸吉田」「安芸横田」）

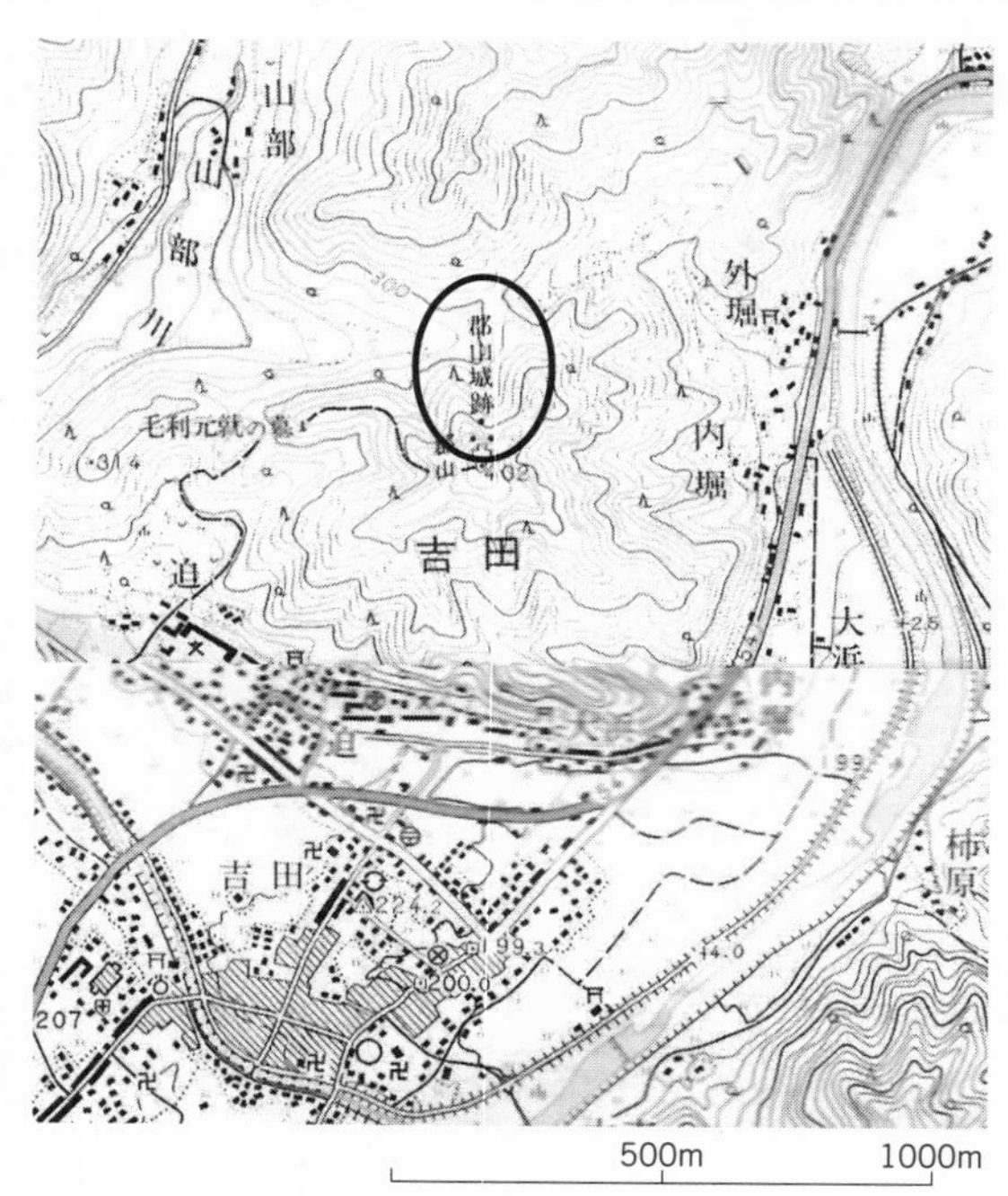

を中心に、周囲に伸びるいくつもの尾根に二〇〇以上の曲輪を築き、堀切で遮断するだけでなく、垂直な切岸や石垣を用いていたことが知られている。詳細な構造の説明は山城の専門家に譲り、毛利氏の動向をたどりたい。

元就は弘治元年（一五五五）に、大内氏を実質的に乗っ取った陶晴賢を破り、ついで大内氏をも制圧した。やがて永禄九年（一五六六）には尼子氏を滅ぼし、山陽の安芸・周防・長門・備中・備後、山陰の因幡・伯耆・出雲・隠岐・石見など百万石以上を領する大大名となった。この間の永禄六年（一五六三）に、元就から大領国を継いだ隆元が早世し、元就の孫である輝元が家督を担っていた。

輝元は天正一七年（一五八九）、広島に城郭を築きはじめ、二年後に居城を移した。太田川の三角州上における、非常に平坦な、低地の平城だった。

正保城絵図では、関ヶ原以後の慶長五年（一六〇〇）に入部した福島正則による改変等を経た後だが、広島は図4－4のような形状だった。「御本丸」と記入された城郭は、ほぼ方形の三重の堀で囲まれていた。外堀の南側の西国街道沿いには町屋の街区があったが、それ以外は、外堀内のすべてと、外堀外もほとんどが、「侍町」だった。この点は上杉氏の米沢と類似している。

広島城の位置は、本川と呼ばれている西の旧太田川と、東の分流の京橋川との間であり、輝元の選択には当時においても異論があったという。しかし山城は、戦時の攻防には有利であっても、平時の通行や荷の運搬には不便だった。最大の理由は、広大となった領国の支配と経営のために、その中央の交通至便な位置への移転だろう。

図4-4　広島城下町絵図
（松井亮吉蔵、上が北、『日本の市街古図　西日本編』鹿島研究所出版会）

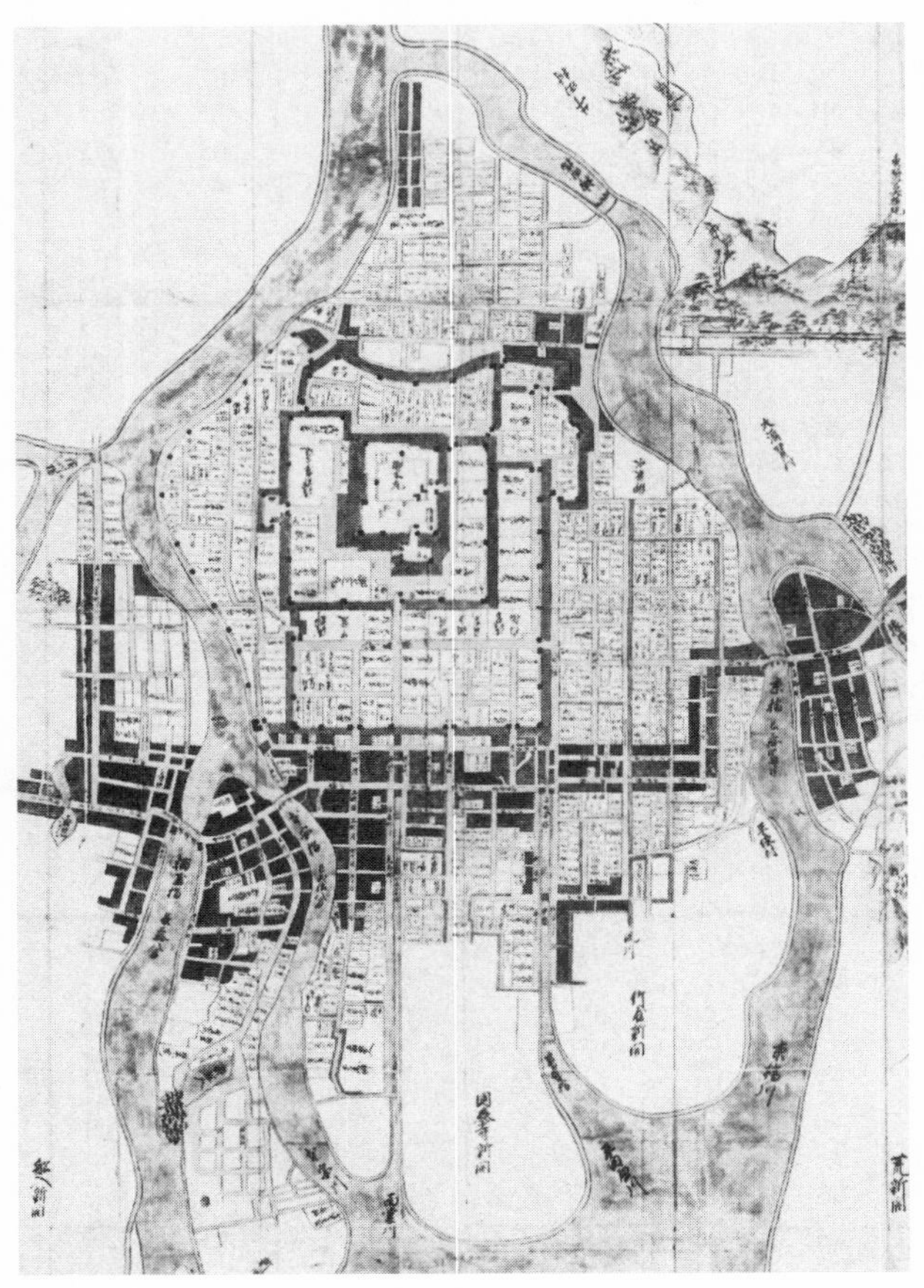

輝元が居城を移した時代はすでに強大な豊臣政権下であり、戦国期はようやく終息して戦乱が少なくなり、領国経営が最重要課題となっていた。輝元が新たな居城とした広島城は領国のほぼ中央に位置し、瀬戸内沿岸では相対的に広い平坦地の平城だった。しかも太田川の河口に近く、瀬戸内海水運の利用においても利便性の高い立地だった。

しかし、吉田郡山の山城から太田川三角州上の平城へ居城を移動するという選択は、領国の中央という単一の条件のみによるものだったとは思われない。おそらく、広大な領国経営の必要性と利便性に加え、戦国期が終わった時代の動向が背景にあったと思われる。

新しい豊臣政権下であること、そして山城より有利な交通位置である臨海の平地、といった各種の条件が作用していたことは確実だろう。

しかも上杉氏と異なって毛利氏の広島城は、何らかの政治上の制約ないし動向が背景にあったとしても、自らの判断によって選択した平城だった。共通性があるとすれば、両者ともに領国経営が第一の目的だったとみられることだ。

山城から麓・平地への移動――鳥取城・岐阜城

関ヶ原以前、鳥取城は戦国期の山城として、攻防の舞台の一つだった。一六世紀中ごろ、山名氏（因幡系ないし但馬系）が山城を築いたという。その後、因幡系山名氏の家臣だった武田高信が城主となり、さらに因幡・但馬系両山名氏と毛利氏との間に、また織田信長方（羽柴秀吉等が担当）も加わって複雑な帰属と離反を繰り返したという。

鳥取城攻防で有名なのは、農民を包囲柵の中へ追い込んで兵糧切れを早めた、秀吉の「飢（かつ）え殺し」とよばれた城攻めだった。

同時代の記録『信長公記』は、天正三年（一五七五）の項に、「とつ鳥（鳥取）一郡の男女、悉く城中へ逃げ入り楯籠（たてこもり）候」という鳥取城包囲戦の状況を記している。包囲の柵に、「餓鬼のごとく痩（や）せ衰えたる男女、柵際へ寄（より）、もだえこがれ、引き出し扶（たす）け候へと叫び、叫喚の悲しみ、哀れなるありさま、目もあてられず」と凄惨な様相を記し、さらに、紹介するのもおぞましい状況の記載を続ける。

戦国期が終わっても、春日山城や吉田郡山城のように、山城がすぐになくなったわけではない。城主が変わりながらも、しばらくは存続した山城もあった。鳥取城（鳥取市）の場合、関ヶ原の戦いの功によって池田長吉（恒興の三男）が因幡国四郡を与えられて城主となり、元和三年（一六一七）には、池田光政（後の岡山城主）が入った。

元和五年（一六一九）の「鳥取城下之図（写、鳥取県立図書館蔵）」には、すでに山上の山城痕跡が描かれており、山麓にある二ノ丸以下の曲輪は、内堀で囲まれている。後年の絵図だが、万延元年（一八六〇）「鳥取城修復願絵図（鳥取県立図書館蔵）」の表現によれば、本丸跡と麓の三層の櫓（二ノ丸）などの曲輪（天球丸、三ノ丸などがあったことが知られるので、元和五年の段階で、山上の本丸は失われ、麓が実質的な城郭部分だったことになろう。山上の本丸と麓の曲輪はもともと一体だったが、本丸が使用されなくなって、麓に城郭中枢が移ったとみることができる。

図４－５に鳥取城跡と記入されているように、戦国期の鳥取城本丸は、急峻な久松山（標高二六三メートル）にあった。西麓を迂回する袋川が中堀、袋川が流れ込む千代川が実質的な外堀だった。

千代（せんだい）川付近の低地が標高一七メートル程度だから、比高は二五〇メートル以上に達する山城だった。

久松山の南から西の麓には現在でも堀跡が残り、久松山の麓との間には近世に二ノ丸や三ノ丸などがあって内堀で囲まれていた。その部分は同図では、学校をはじめとする公共用地となっている。

山城から平地へと移動した例をもう一つあげておきたい。稲葉山城（岐阜城）もまた有名

図4-5　鳥取城（2万5千分の1地形図「鳥取北部」）

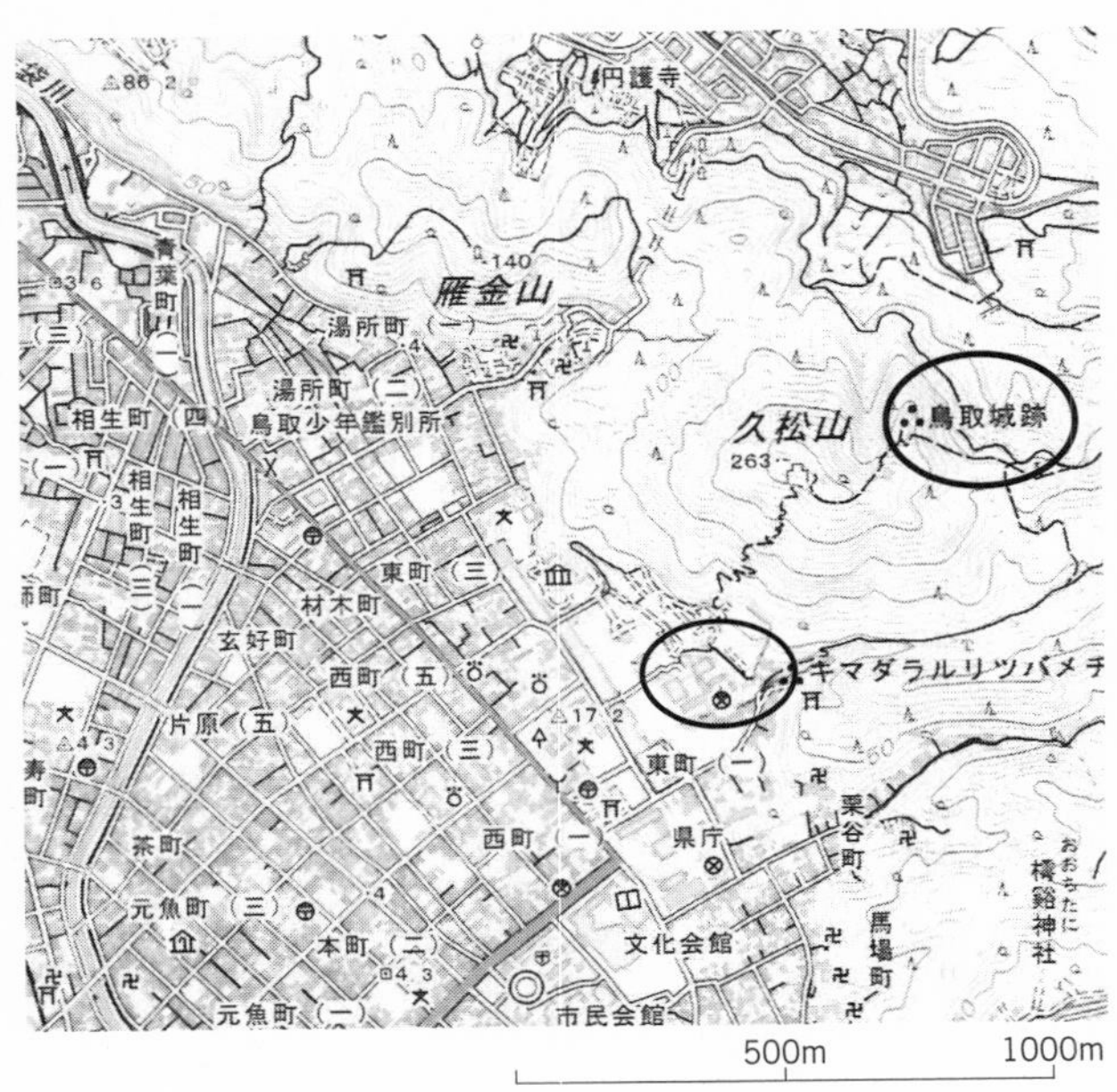

な山城だったが、すでに紹介したように、斎藤道三が城主だった時期、すでに麓にその屋敷があった。

斎藤氏の後、岐阜の名称を与えた織田信長の居城となり、信長の後は嫡子信忠が城主となった。本能寺の変の後は信孝が、さらに池田元助・輝政の居城の時期もあり、天正一九年（一五九一）には豊臣秀勝、翌年から織田秀信へと、城主はめまぐるしく替わった。

関ヶ原戦のあと岐阜城

図4-6　加納城（旧版2万分の1地形図「笠松町」）

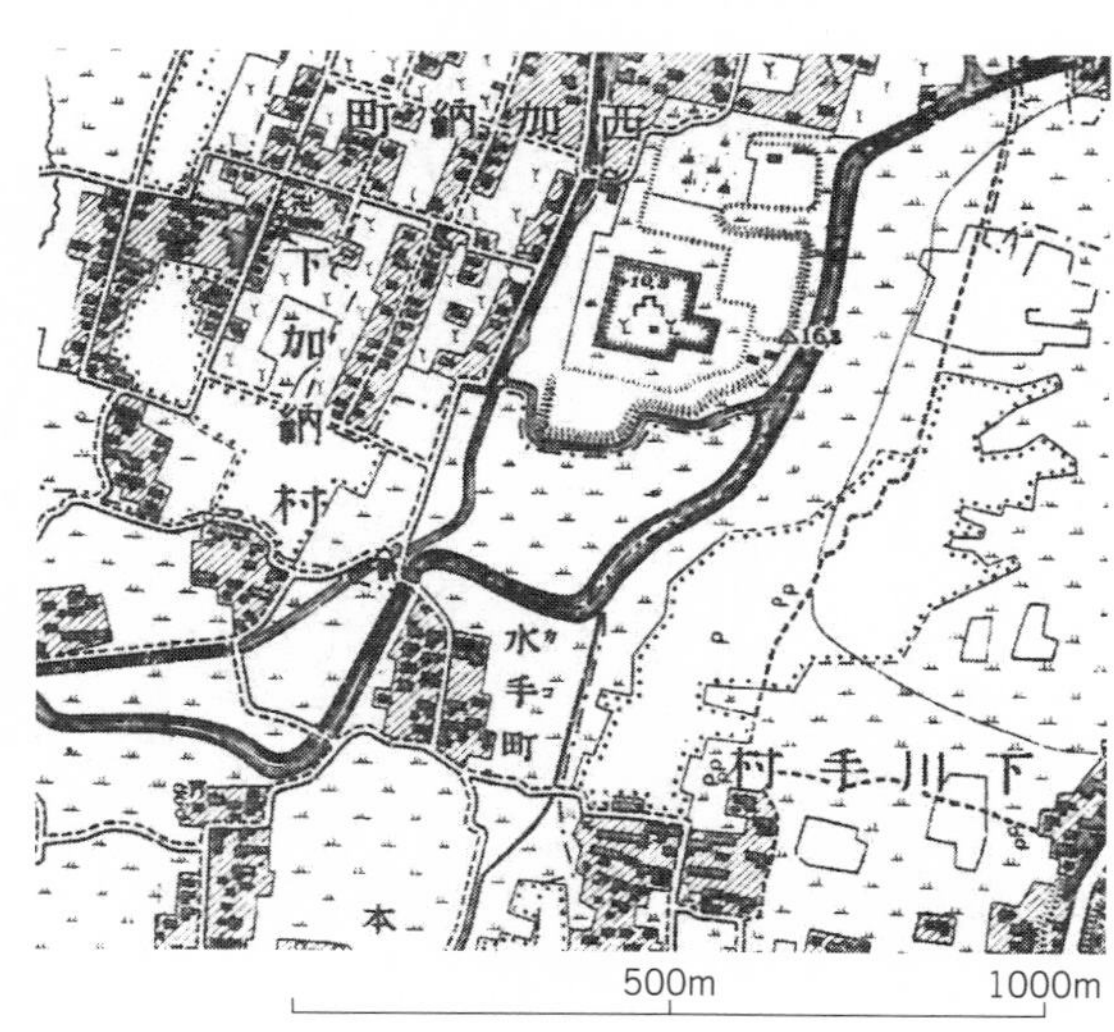

は、慶長六年（一六〇一）に徳川家康によって廃城とされ、麓の屋敷群の跡も廃棄されたとみられる。近世後半（推定）の絵図（岐阜県立図書館蔵）に、屋敷群跡は「畑　古屋敷」として表現されている。

廃城となった岐阜城の代替として建設されたのは加納城だった。奥平信昌が岐阜城の資材を移して築城したという。加納城は、岐阜城南方の平地に築かれ、図４―６のように、長良川の支流だった荒田川（現在は新しい水路で境川（旧木曽川）に流入）に東を、その支流の清水川に西を囲まれた標高約一〇メートルの平地だった。南北約五五〇メートル、東西約四〇〇メートルの平城であり、図4－6にも東に突出部のある方形の内堀跡がみられる。

岐阜城の代替としての加納城の築城は、上杉景勝や毛利輝元の場合のように、同じ城主による居城の移動ではなく、城主は異なる。しかし領国から見れば、やはり山城から平城への移行である。領国経営の拠点として　中山道とも近接した立地であり、宿場でもあった。

城下町の類型と変容へのまなざし

上杉氏や毛利氏のように、山城から平城へと居城を移した例、近世に山城が残っていても主要施設が麓へ移った例、山城が破却されて代わりの平城が建設された例を見てきた。この山城や平城という立地状況の表現は、『正保城絵図』の作製の際に求められた分類の表現でもあった。

正保城絵図は、第1章で取り上げた正保国絵図と同じように、正保元年（一六四四）に幕府が調進させたものだが、多くの城絵図それぞれの完成時期には、ややずれがあったとされている。かつて一三一点が存在した（紅葉山文庫『増補御書籍目録』）ようだが、現在は国立公文書館に六三点が所蔵され、ほかにも若干の所在が知られている。

正保国絵図が、各国の街道における通行や運送に際する牛馬使用の可否や、冬季の通行可能性、河川の渡河の状況などを詳しく記入し、軍事用の性格を強く持っていたことをすでに述べた。それとともに調製を指示されたのが正保城絵図だった。指示に従って正保城絵図には、城郭内の建造物はじめ、石垣の高さや堀の幅と水深、周囲の山川の状況、城下の町割の様子などが表現されている。

その調製指示の中には、「山城平城書様之事」との文言もあった。山城と平城の区別を指示していたのだ。

ただしこの指示には、平山城という表現は出てこない。平山城は単に、山城でも平城でもない、というのが表現の発端だろうか。しかし、正保城絵図の一つである「丹波国福知山平山城絵図」のように、図名としてすでに平山城を用いている例もある。ちなみに福知山城は標高四六メートル、比高二八メートルの小丘上に位置する。

この平山城(ひらやまじろ)の表現は、現在では広く使用されている。小著でもすでに用いてきたが、以下においても便利な表現として平山城の語を使いたい。ただし、厳密な定義がないことには、改めて留意しておきたい。

さて、中世山城やその城下においては、山腹や山麓付近に居館や侍屋敷を伴い、さらに近くに町屋群もあった場合がある。これらの様相は、すでに述べたように、場所や時期によって多様だった。

戦国期や近世になるとこの傾向は一段と顕著になった。このありようについて検討するのが次の課題だが、その際、城下町という、城と城下の全体を称する表現（近世には使用されていなかった）を用いる場合があることをご了解いただきたい。すでに一般的な用語であり、以下はそれに従うが、城郭と城下、城下の侍（武家）屋敷と町屋等を区別する必要がある場合には、それぞれ個別の用語を使用することとしたい。

さて、城下町のありようについて、矢守一彦（『都市図の歴史　日本編』）は、「城下町プラン（平面形態）」の六類型を抽出し、それが変容していく様子を整理した。まずその概要を紹介したい。

＊「戦国期（A）型」——城地と城下が垂直的な関係にあり、「内山下（うちさんげ）（城下最奥の城館に隣接する地区）」が残存して、「地域性（侍屋敷・足軽屋敷などの侍屋敷地区、寺町、町屋地区などの配置）」が未分化である。その結果、平面形態が全体として分散的である。二本松、高取、岡など。

＊「総郭型（B）」――安土桃山期に多かった「総構え型」である。城地だけでなく、城下町全体を包んだ最も外側の囲い（総構え、外郭）があり、地域性と街路計画の整備状態によって二つの段階に分けられる。

●「総郭（B1）型」――総構え内部に侍屋敷・寺院等だけでなく、農地・百姓家を含む場合が多い。西尾、高崎など。

●「総郭（B2）型」――地域性、街路計画が整備された段階。飯田、三次など。

＊「内町・外町（C）型」――幕藩体制の成立期に新建設ないし改造された城下町に卓越する。階層的な身分秩序や軍事的な配慮が、地域性の上にもっともよく投影されていて、外郭によって内側の内町と、外側の外町が区別されている。

＊「郭内専士（D）型」――既存の中世都市を近世的に改造した場合に多く見られ、総構え内の侍屋敷地区と、外側の町屋地区との間に明確な区別がある。松本、吉田、会津若松、米沢など。

＊「開放（E）型」――江戸時代中期以後に出現し、侍屋敷すら郭で囲まない。鯖江など。

矢守はさらに、これらの類型の典型的な例が小都市（小藩の城下町）に多いとする。大都市には副次的な核（中心）も多いので、城下町プランも複雑になっている場合が多いことを理由としている。

この類型と「変容系列（移り変わるパターン）」の見方は、複雑な城下町の構造をモデル化して把握するには有効だろう。確かにすでに触れてきた春日山城や吉田郡山城などでは、尾根上に数多くつくられた曲輪に家臣団や重臣屋敷があったという点では、戦国期（A）型の内山下の様相とみられる要素がある。観音寺城もこれに類する可能性がある。

しかし例えば、山上の山城と谷の城下が同時に存在し、その城下における城主館を含む館群・町屋群が一体となって、山と城戸に防御された町からなる一乗谷や、山城とその山腹に、侍ないし重臣屋敷群が意図的または計画的に配置された清水山城や安土城などの例を、この戦国期型に一括するには無理がある。

しかも、この類型の要素がみられる春日山城や吉田郡山城の場合でも、地形に規制されたか、地形を利用したか、あるいは双方が融合した結果だった可能性が高い。

また戦国期には、岐阜や鳥取のように、山城と城下が一体となった城下町も存在した。しかし近世には、機能が麓に移行したり、山城が破却されて、機能が新しい平城へと移されたりした場合もあった。

矢守の類型分類は、基本的に侍屋敷地区と町屋地区などの配置を重視した「地域性」を指標としたものだ。先に述べた米沢は、矢守がすでに郭内専士（Ｄ）型の例としているし、その点では広島もこの類例だろう。

小著では、この視角の有効性と留意点を視野に入れながら、改めて城郭と城下についてみていきたい。その際、矢守の分類から外されている「大都市」を含めて検討していく必要があろう。

平山城と城下──姫路城・彦根城

平山城という立地表現を用いるとすれば、姫路城がその典型の一つだろう。姫路城はユネスコの世界文化遺産にも登録された特別史跡で、標高四五メートル強の小山の上に築造された城だ。南側の平地が一二〜一三メートル、東側が一六メートル強、北側が約一九メートルだから、比高は三〇メートル前後ある。天守閣の南約一キロメートルのＪＲ姫路駅付近からでもその威容をよく見ることができる。

姫路城が立地する場所は、織田軍下の羽柴秀吉によって中国地方攻略の過程で選ばれて築城が始まった。本能寺の変に始まる激変の後、関ヶ原戦の戦功により、慶長五年（一六〇〇）に入部した池田輝政によって本格的改修が行われた。名城の誉れ高い城郭の詳細は、それに詳しい専門家に譲るが、立地選択は秀吉、城と城下の建設は輝政だったことには、まず留意しておきたい。

城郭は内曲輪に本丸、二ノ丸、三ノ丸、西の丸があり、南北と東を取り囲むような中曲輪、さらに外側の外曲輪からなり、外曲輪の東側はおおよそＪＲ播但線付近、南は山陽新幹線付近だった。内曲輪は城地としてほぼそのまま残るが、中曲輪跡地は多くが各種の学校や博物館・図書館・病院などの公共施設用地となっている。

文化三年（一八〇六）「姫路町屋敷及城絵図（個人蔵）」では、図４－７のように中曲輪のほぼ全域が「侍屋舗（図の白っぽい部分）」であり、外曲輪の外縁にも同様の「侍屋舗」があった。外曲輪の内縁部分に「町（図では灰色）」があり、「町数七拾八町」と記されている。町と侍屋舗との間に寺町（凡例は「神主寺山伏（図では濃い灰色）」があり、場所によっては点在していた。

西国街道が東西に延びており、城下では屈曲して外曲輪の内縁を通過し、東側では北へ但馬街道が延びている。外曲輪内の町から見れば、街道が町を通過し、この両街道沿いの三方に、町並みが外曲輪へと延びていることになる。

図4-7　姫路町屋敷及城絵図
（小林一夫蔵、左上が北、『日本の市街古図　西日本編』鹿島研究所出版会）

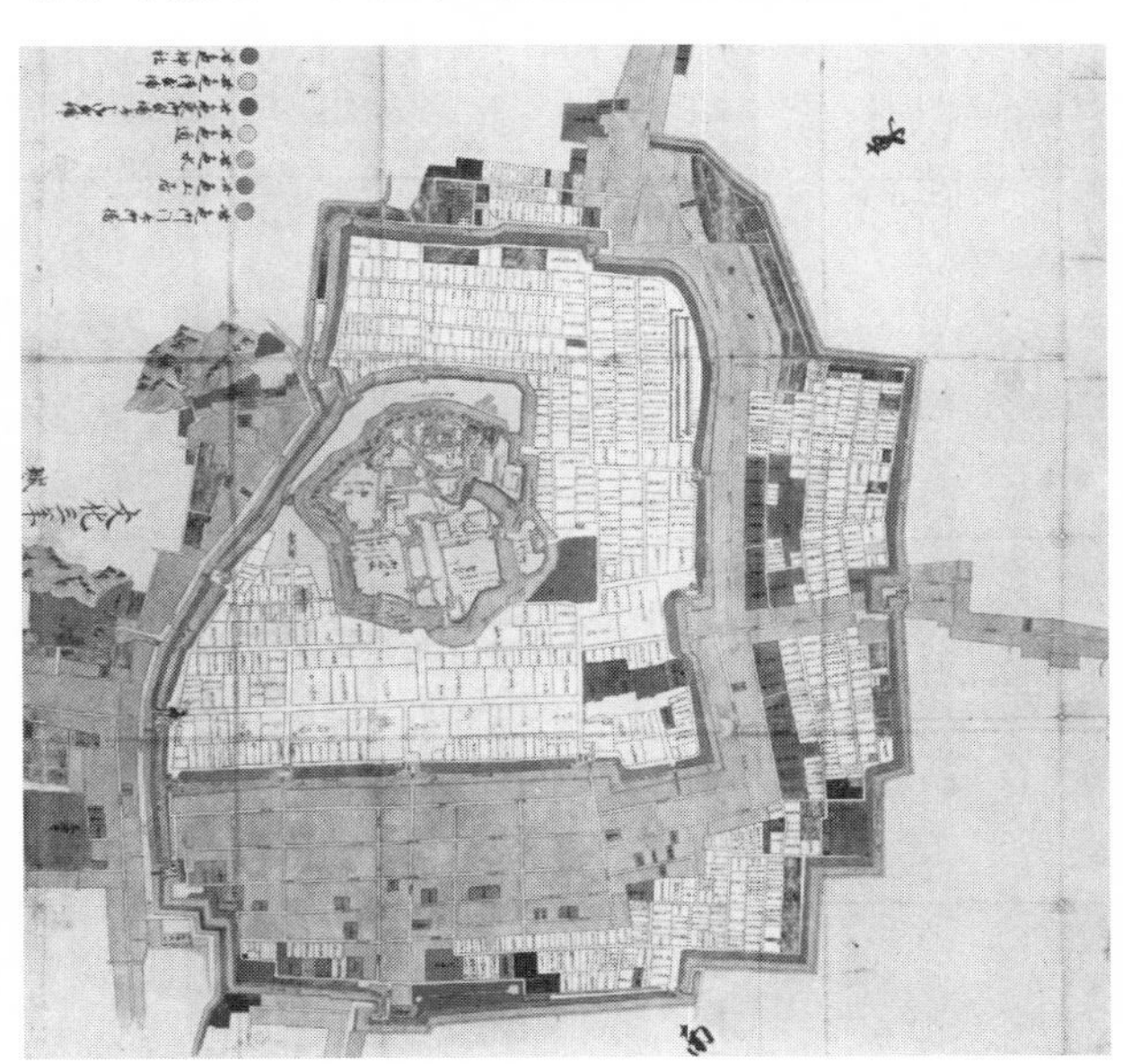

池田輝政はまた、姫路と瀬戸内海の飾磨港を結ぶ三左衛門堀と呼ばれる運河の掘削を試みたが、成功しなかった。元和三年（一六一七）に入部した本多忠政が、城下を流れる二股川の支流、船場川（妹背川）の流路を利用して、これを成功させた。この運河によって姫路は瀬戸内各地と水運で結ばれ、薪炭・木材・米・石材等の日常物資の集散地として繁栄することになった。

この過程にみられる秀吉の立地選択の目的は、まず西国街道・但馬街道といった主要道を、比高四五メートルほどの平山城によって、軍事的に抑えることにあったとみられる。先に述べた上杉景勝の若松城と類似した意図だったことになろう。

これに対して輝政に始まる城の建設は、一〇〇万石を超える領国に対して威容を誇る、華麗な居城建設だったのではないだろうか。さらに西国街道と但馬街道を城下へ引き込むとともに城下の整備を進め、完成は本多忠政の時期になるが、運河の建設によって水陸の交通条件を整備し、経済活動の基盤としたことになろう。いずれも領国経営にとって極めて重要だった。

彦根城もまた平山城だ。標高一三六メートルの金亀山（彦根山）に天守があり、周辺市街は八七〜九〇メートルほどだから比高五〇メートル弱ほどだった。むしろ姫路城より比高は大きい。

すぐ東に標高約二三三メートルの佐和山城があり、麓との比高は約一四〇メートルの山城だ。信長が佐和山城を攻略した後、丹羽長秀を城主として、岐阜・京都間の拠点とした。元亀四年（一五七三）、佐和山西麓の松原内湖において信長は、すでに述べた櫓百挺、長さ三〇間、横（幅）七間におよび、艫軸（ともへ）に矢倉を構えた巨大な軍船をつくって、「坂本口」（大津市）へと琵琶湖を渡った（『信長公記』）。

豊臣秀吉はこの佐和山城に石田三成を入れて、中山道（東山道）と松原内湖を通じた琵琶湖水運の押さえとし、三成はここに本格的な城郭を築いた。天守を構え、東麓の中山道側に大手の施設と屋敷群を配し、西は松原内湖に接した。山城と麓を含めて城塞化した点で、安土城とも共通する織豊期の山城といってよいだろう（「佐和山古城之絵図」彦根城博物館蔵）。

関ヶ原の戦いにおいて東軍が勝った後、井伊直政がこの佐和山城に進駐した。直政の病没後に、次代直勝が金亀山（現彦根城）への移築を決定したという。

彦根城の築城は慶長八年（一六〇三）からはじまり、元和八年（一六二二）に及んだという。天保七年（一八三六）作製とされる御城下総絵図（図４―８）によれば、内堀、中堀、外堀の三重の堀に囲まれ、三重の堀は北側の松原内湖に続いている。さらに西には琵琶湖があり、南には芹川が流れている。

内堀の内部が城郭である。山上の本丸に建設された天守のみならず、東南山麓北側の整地された平坦地（ほぼ曲線の内堀が、東へ直角に張り出した部分）に表御殿などがあり、政庁の中枢施設があった。内堀と中堀の間は内曲輪と二ノ丸で、高禄の士分の屋敷によって埋め

図4-8　（彦根）御城下総絵図（『新修彦根市史　景観編』左上が北）

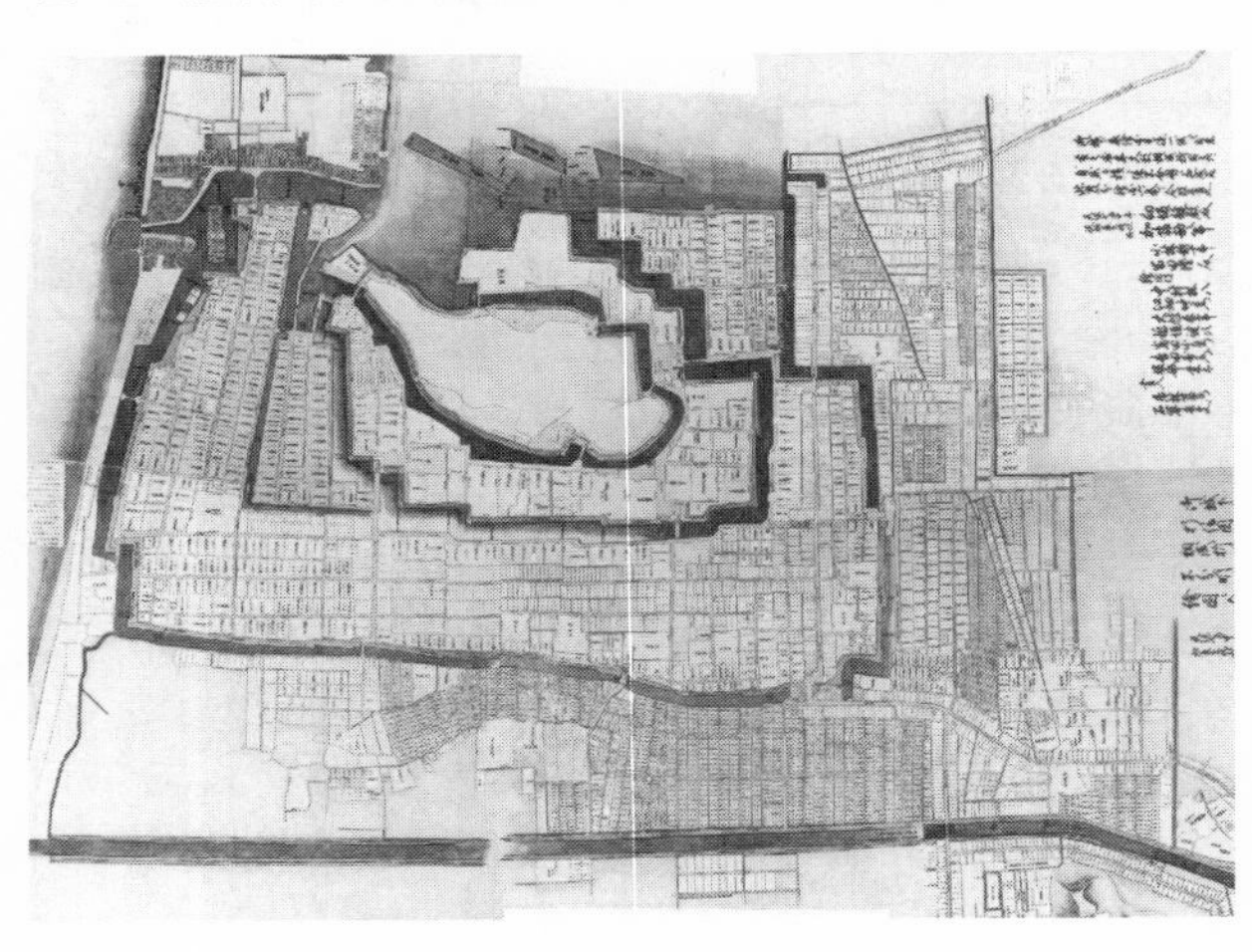

尽くされていた。その外側の中堀・外堀間が武家屋敷地区（各区画に武家名が記入されている）と町屋地区（無名の小区画が並ぶ）および寺（寺名入りのやや大きな区画）町地区であり、外堀のさらに外側が中級武士や足軽屋敷と町屋地区などだった。

この御城下総絵図では、それぞれ相対的に大きい区画が上級武士の屋敷と寺院である。寺院は外堀のすぐ内側に多い。武家屋敷の小さい区画（足軽屋敷）は外堀外の南側と東側などに多い。

町屋地区は、街路沿いに短辺を向けた、短冊形の小区画が並んだ部分で、右に述べたように各区画に名前は記入されていない。町屋は中堀・外堀間の南側と東側に連続的に連なる（内町）。

外堀外でも東南隅と東北隅の街道沿いに町屋地区（外町）が延びている。この街道は、城下の東南から芹川を渡り、外堀東南隅付近で外堀内に入って北へ向かい、東北方へと出る。中山道より琵琶湖側の主要道であり、朝鮮人街道と呼ばれる。城下の東北方へ出た朝鮮人街道は、佐和山南部の峠を越えて、鳥居本（彦根市）で中山道と合流する。先に紹介した矢守の類型では「内町・外町（C）型」だ。

井伊直勝はなぜ佐和山城から彦根城へ居城を移したのだろうか。どちらも中山道ないし朝鮮人街道という幹線道路に近く、また双方ともに松原内湖に接し、水陸の交通条件に大差はない。佐和山城の面影を払拭したかったというのが一説だが、佐和山自体でそれを実施することもできた可能性がある。

最も大きな違いは、山塊の大きさと比高といった地形条件だろう。山塊の大きさは、明らかに佐和山が何十倍も大きく、比高も佐和山城の約一四〇メートルに対して、彦根城は約五〇メートルに過ぎない。これに次ぐ違いは、城下の建設のための麓の平地の狭小さ、広大さだろう。

先に述べた姫路城の場合、秀吉の立地選択はまず周囲に武力を示威することにあったとみられ、同一地点であっても輝政の築城は、統治のために、威容を誇る華麗な居城の建設だったとみられることを想起したい。佐和山城はもともと織田信長に攻略された山城で、戦国期の戦闘を考慮した立地選択だった。

これに対して姫路の築城とほぼ同期の彦根築城は、戦闘を想定しないわけではないだろうが、より強く領国経営を意識した立地選択による築城だったと思われる。特に、彦根の平山城の麓に建設された表御殿が、その象徴的施設だった。しかも城下の侍屋敷・町屋の建設にふさわしい平地があった。

すでに戦国期から近世にかけて、居城が山城から平山城へ、あるいは平城へと移動した例を紹介したが、彦根城の場合もこれらと類似の動向だった。

次に、平山城と平城の両側面をもつ、台地上の城と城下の場合を取り上げてみたい。

台地の城と城下――金沢城・名古屋城

金沢城は、小立野(こだつの)台地に築かれた城郭だ。東南から西北へとほぼ平行に流れる浅野川（北側）と犀川（南側）の間に、両川に沿って延びる小立野台地の先端に築かれた城で、本丸跡は標高約六〇メートルある。北・西・南側の低地が一〇～二〇メートルほどなので、低地側からすれば比高四〇～五〇メートルであり、この限りでは平山城とみることが可能だ。しかし、東南方へと小立野台地が続き、この台地上にも城下の屋敷・町屋群があったので、この台地上から見れば平城とみることができる。

金沢城の地には、もともと一向宗の金沢御坊と寺内町があった。天正八年（一五八〇）、織田軍（柴田勝家軍）に攻められて陥落し、麾下(きか)の佐久間盛政が入るが、柴田勝家が羽柴秀吉に敗れた後、天正一一年（一五八三）に前田利家が入って本格的な改修を行った。後述する百間堀も、小立野台地の東南側からの攻撃に対する備えとして、台地と城郭を断絶するために、この際に掘削された。

利家没後の慶長四年（一五九九）、二代藩主利長は徳川家康との対決に備え、東・西の内(うち)総構(そうがまえ)堀を構築したという。さらに慶長一六年（一六一一）、この関係が再び緊張を増した際に、今度はさらに外側に、東・西の外総構(そとそうがまえ)堀を構築した。

図4－9は、文政一三年（一八三〇）の金沢城下絵図である。「御城」と記された城郭は、三、四重のやや複雑な形状の堀に囲まれているが、この図には表現されていない。

南から金沢に向かった北陸街道は、城下の西南で犀川を渡り、内総構堀の外を北へ向かう。西北部で向きを変えて東へ進み、城下の北東隅で浅野川を渡り、さらに北上する。町屋

図4-9　金沢城下絵図
（文政13年（1830）、金沢市立玉川図書館蔵加越能文庫
『金沢市史　資料編18　絵図・地図』上が北）

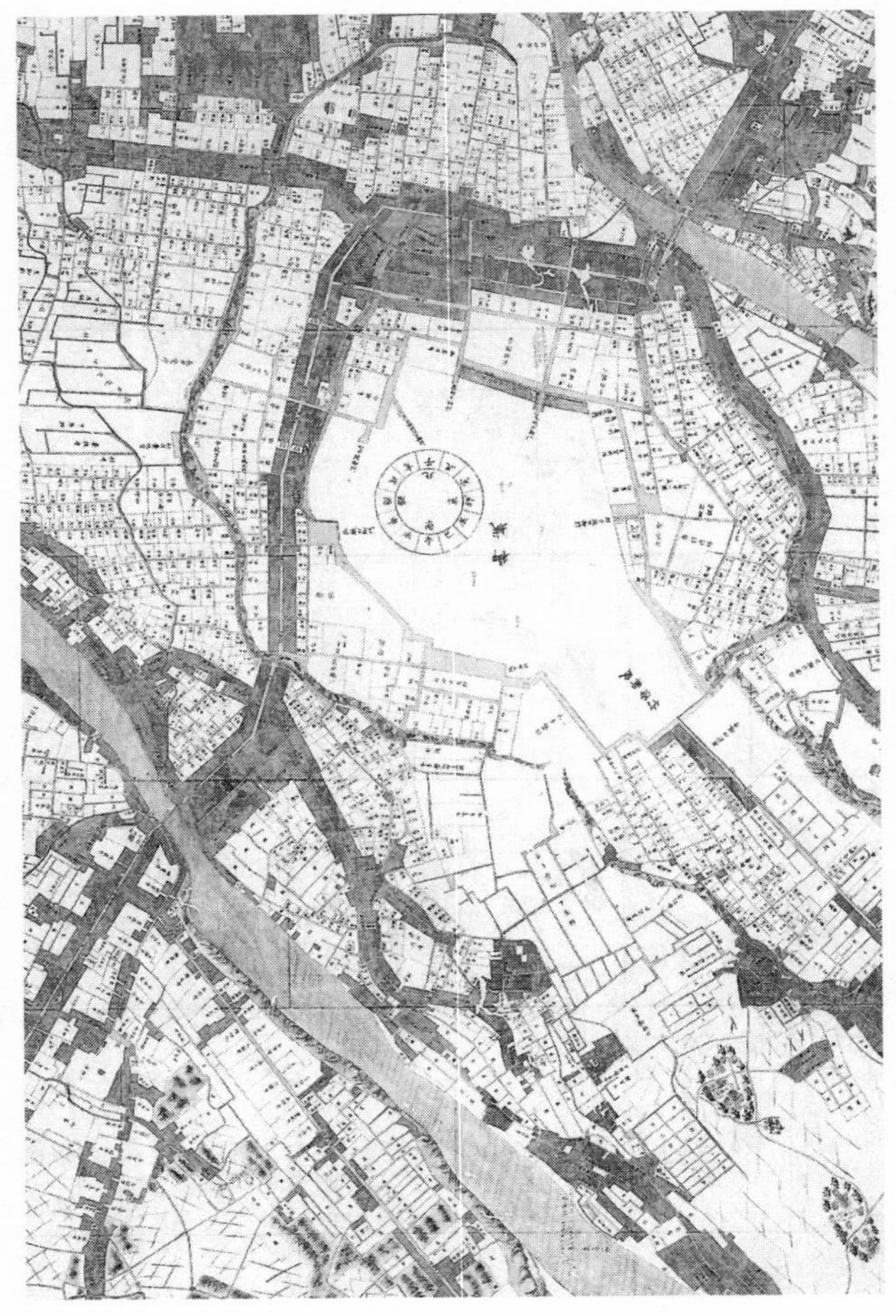

地区は基本的にこの北陸街道沿いであり、図４―９では黒っぽく見える。内部の表現がない城郭部分から少し距離を置いて、その東北側と西南―西北側を外総構堀が取り囲んでいる。東北側は町屋地区と同じように黒っぽく見えるが、崖沿いであり、町屋地区のように北陸街道が白く浮き出ていない。西南―西北側の方は、東北側より狭いが、やはり黒っぽい曲線に見え、西側では北陸街道沿いの町屋地区の外側を迂回する。

写真4-1　金沢　百間堀跡の道路

城郭外の外総構堀の内側の全体が、白く表現された「家中屋敷（侍屋敷）」でほぼ埋め尽くされているが、北陸街道沿いや主要港のあった宮腰（金沢市金石）への道沿いには町屋が連なっていた。

内総構内では、小立野台地が続く東南方だけにとりわけ広い堀が穿たれているのが、百間堀と称された堀であり、同じ呼称は福井城下にも存在した。幅六八メートル強、長さ約二七〇メートルであり、巨大な堀という意味での百間であろう。

この堀は図４－９には描かれていないが、「御城」の東南に張り出した部分に記された「竹澤御殿（前田斉広の隠居所、後の兼六園）」との間である。なおこの名園として有名な兼六園・本丸間の堀跡（写真4－1）を含め、金沢城の堀の多くが、近代に道路に転用され、一部を除いて堀としては残っていない。

また、犀川南岸および城下西側・北側の町地の外側には、「寺社屋敷」とされた寺社が多く、城下の最も外縁となっていた。

金沢城は、台地端に築かれた平山城ないし平城だが、実際の攻防を想定した堀が何重にも建設された城郭と城下だった。

名古屋城もまた台地上に築造され、熱田（あつた）台地の北端に位置した。図4－10に名古屋城跡と記入された史跡の記号付近（本丸跡）は標高一四メートルで、北や西の低地は標高二～三メートルに過ぎない。

台地北西端に本丸が位置したので、低地からは比高一〇メートル強だから、やはりこの限りでは平山城と表現できるかもしれない。しかし、熱田台地は城郭付近から南北約七キロメートル、東西約五キロメートルにわたって、ほぼ平坦な台地面が広がっており、そこに展開した城下からすれば完全な平城だった。

図4－10には二之丸庭園、三の丸、名城公園などの場所も記入されているが、本丸・二之

図4-10 名古屋城（2万5千分の1地形図「名古屋北部」）

図4-11　万治年間名古屋城下絵図
（上が北、名古屋城振興協会蔵『日本の市街古図　東日本編』
鹿島研究所出版会）

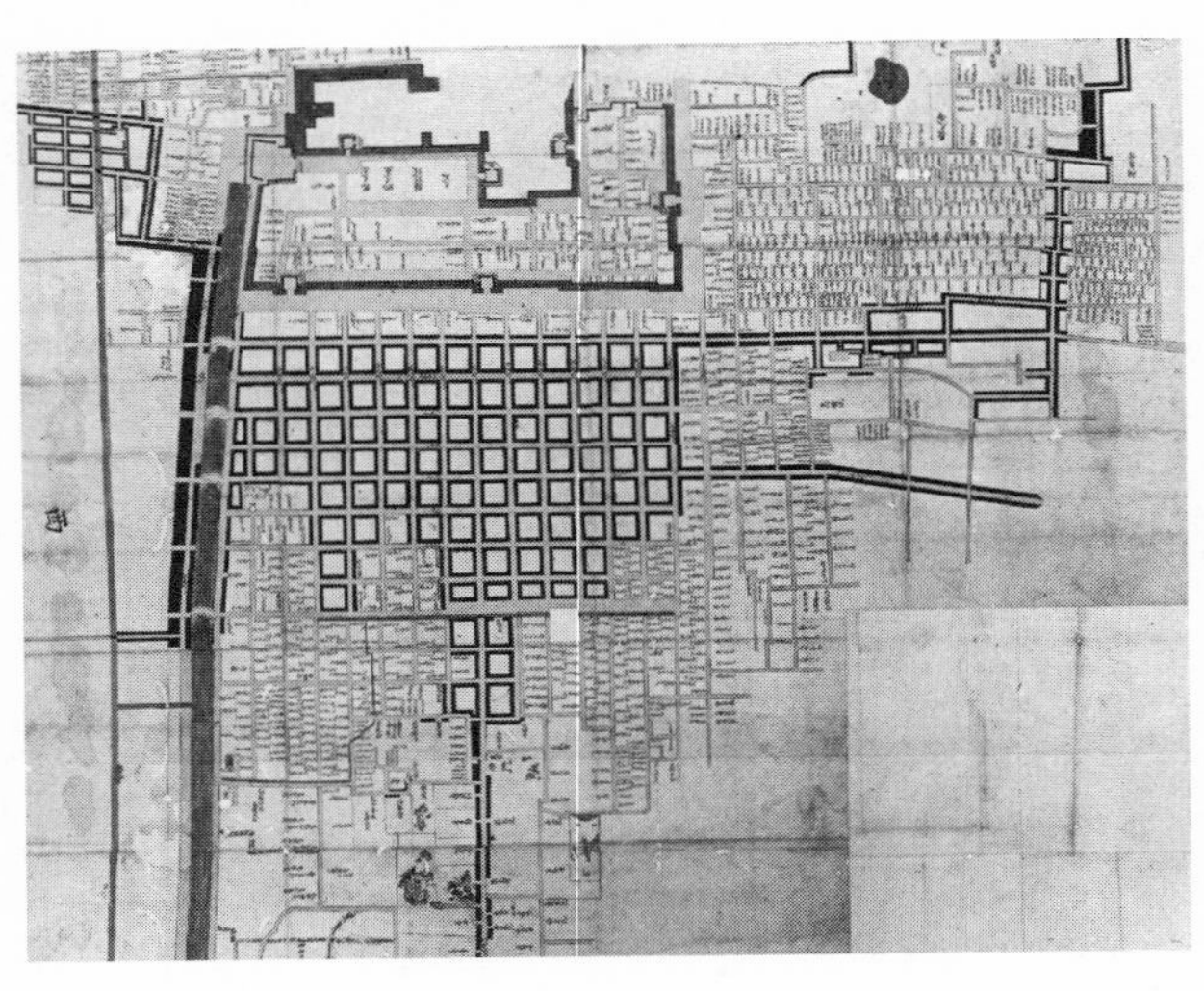

丸が城郭の中心、三の丸が家中重臣の屋敷地だった。現在では名城公園となっている場所が、尾府名古屋図（名古屋蓬左文庫蔵）に「御深井之内」と記された御深井丸（おふけまる）であり、低地に造成された庭園だった。

城郭は徳川家康の指示によって慶長一四年（一六〇九）、大名を動員して築城が始まり、同一七年（一六一二）にほぼ完成した。家康没後の元和二年（一六一六）、初代藩主として義直が入部した。図4－11の万治年間（一六五八～六一）名古屋城下絵図が、城下の様相を明瞭に示している。城郭は、三重の堀に取り囲まれ、外堀に囲まれた三の丸は、家中屋敷によって埋められている。外堀の南と東は、堀沿いの広い空地を隔てて家中屋敷となっているが、この空地を隔てた南側は一列のみの屋敷列だ。

西側の崖下には、伊勢湾と連絡する堀川（運河）があって、築城時の石材の運送等に用いられたとされる。

城下の中央には、街道沿いの突出部を除けば南北七区画、東西一三区画ほどの正方形の町屋区画（太い黒枠状に見える）がある。町屋地区に西北から入った美濃路や、東北から入った小牧・木曽街道、東南へ延びる飯田街道、南へ延びる熱田道、西南から西へ向かう佐屋街道などの主要道がすべて城下に集まり、中央の街路沿いには、方形の町屋地区の表現がみられる。西端の堀川沿いにも、舟運にかかわる商家が並んでいた。佐屋街道はその南端付近から西へ延びていた。

さらに、正方形の街区からなる町屋地区の外側にも家中屋敷が広がっていた。この家中屋敷群のさらに外縁部には寺院群があったが、家中屋敷・寺院群のさらに外側には総構えとなるような堀は存在しなかった。

平城と城下——福井城・佐賀城

平城と城下の場合はどうだろうか。典型的な例を取り上げてみたい。

福井城は、福井平野のほぼ中央部に位置し、東南から西方へと流れる足羽川北岸の標高九メートル前後の平地に立地する。現在も福井市街中央部に堀と石垣に囲まれた本丸跡（写真４－２）があり、旧本丸内に福井県庁が位置するが、標高は周囲と大きくは変わらない。

写真4-2　福井城本丸跡

地形図を見ると、本丸跡の南方の足羽川河岸に近い部分には北ノ庄城跡と記されているが、詳細は分かっていない。

北ノ庄城は、織田信長麾下の柴田勝家が一乗谷の朝倉氏を滅ぼした後、天正三年（一五七五）に築いた城だった。後の福井城との関係が詳しくは知られていないものの、立地点から見て地形上はいずれも平城だったこと以外には考えられない。

図4-12　福井御城下之図
（上が北、福井県立図書館・松平文庫蔵
『日本の市街古図　東日本編』鹿島研究所出版会）

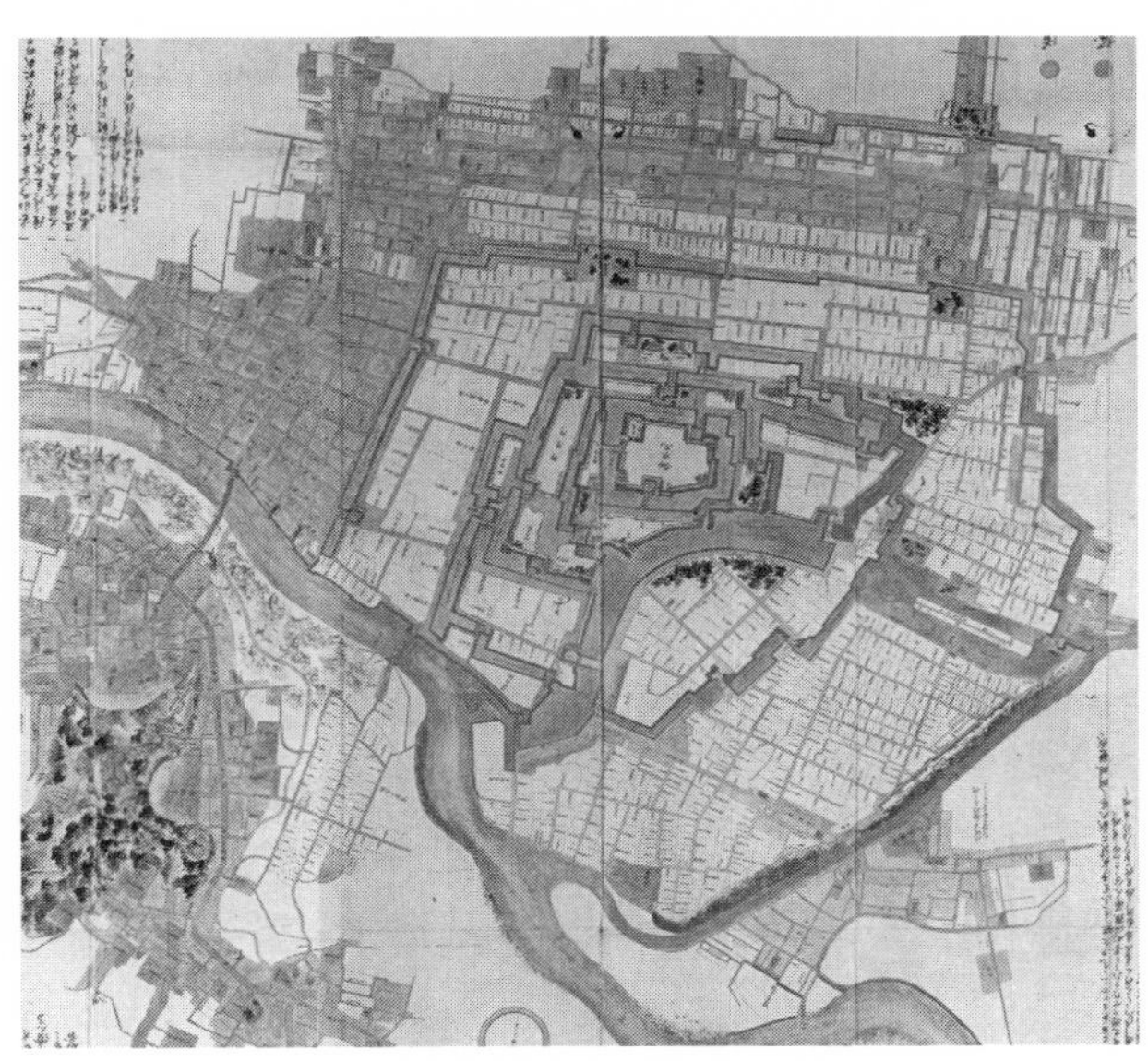

本丸跡が残る福井城とその城下は、結城秀康が関ヶ原直後に入部した慶長六年（一六〇一）から建設され始めて数年後に完成した。寛永元年（一六二四）に福居と称され、元禄一四年（一七〇一）に福井とされたという。図４―12「福井御城下絵図」（松平文庫蔵）は、先に紹介した正保城絵図の控図と考えられているが、城と城下の状況をよく伝えている。

本丸を囲む内堀が現在も

残っていることはすでに述べたが、その外側には、二重・三重の堀が複雑にめぐらされて中堀群を構成しており、さらに外側に外堀がめぐらされていた。ただし本丸を囲んだ内堀以外、堀としては残っていない。

中堀群の一部に相当する本丸東南の湾曲した広い堀には、同図に水深が記され、また縮尺がほぼ正確なので幅一八〇メートル以上だったことが知られる。現在ではこれも埋め立てられて消滅しているが、ほぼＪＲの線路敷付近だ。

外堀に相当するのが、南は足羽川、東が荒川、西は九十九橋と幸橋の中間から北へ延びる堀、その堀が東へ屈曲し北側を画す。

本丸を中心とした外堀の内側は基本的に「侍屋敷」だが、通常の城下図と異なり、侍名が記載されていない。先に紹介した矢守の類型では郭内専士（Ｄ）型となる。さらに外堀外の北側には、堀沿いにも侍屋敷が並び、西北隅には「寺屋敷」、東北隅には「加賀口馬出」と記された桝形が設置されていた。

「町屋」と記された区画は、外堀の西側一帯と、北側の侍屋敷のさらに北側に続き、西南隅の足羽山山麓にも町屋地区があった。

北陸街道は、外堀の外側の西南に当たる、足羽川の九十九橋から北へと町屋地区の中央部

図4-13　佐賀城廻之絵図
（上が北、『日本城下町繪圖集　九州編』昭和礼文社）

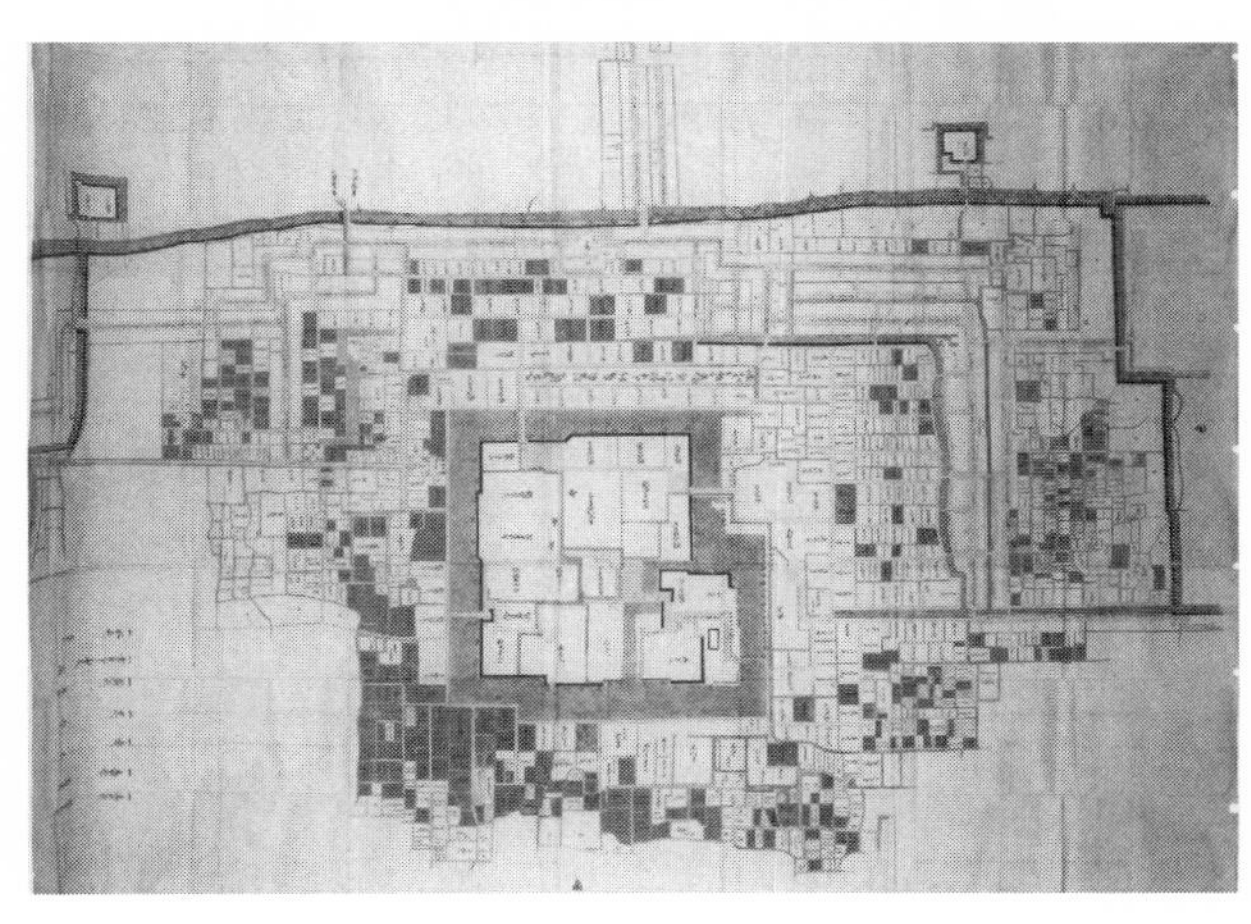

を進み、東へ転じてやはり町屋地区中央部を進む。その後、城下東北端の籔川中町付近で城下を出て北へと向かう。外堀のさらに外側を迂回するように設定された北陸街道の両側に、ほとんどの町屋地区が配置されていたことになる。

佐賀城もまた、福井城と同様に典型的な平城である。佐賀城は佐賀平野中央部南寄りの低地に位置し、幅四〇間（七二メートル）ないしこれより少し狭い幅の堀で囲まれた、一辺ほぼ八〇〇メートル強の方形に近い（本丸部分が東に少し張り出している）平城である（図４－13参照）。東南部には、他の曲輪・屋敷群とは別の堀で隔てられた本丸と二の丸が位置する。城郭の周辺は標高三メートル強の低地であり、城内でも同様だが、本丸だけは四メートル強とわずかに高い。

佐賀城と城下は、佐賀藩主となった鍋島直茂によって、龍造寺氏が居城としていた村中城を改修・拡張したものとされる。慶長七年（一六〇二）の本丸工事に始まって、次代勝茂の同一六年に完成したという。本丸とともに堀を四方にめぐらせた城郭内の「三御丸」（三の丸）以下の曲輪には、三支藩と親類四家、親類同格の家中の屋敷があった。一般の侍屋敷はほぼ方形の堀の四周に広がっており、その侍屋敷の外側東北部をほぼ直角に土塁で囲み（裏十間川付近）、さらに外側の北（十間川付近）と東北・西北部にも土塁を築き、いずれもその内側に溝（狭い堀）を構築した。

土塁は洪水除けの役割も兼ねていたものだろう。南側を囲む土塁や堀はなかったが、南は下流側にあたり、有明海に続く低湿地が広がるので必要なかったと思われる。

小倉から長崎に向かう長崎街道は、城郭東方の牛島町から城下に入り、直角に屈曲しつつ北側の十間堀川に至っていた。その後、十間堀川の内（南）側を西方に向かい、多布施町から再び直角に屈曲しつつ南下し、その後西方の長崎方面へと延びていた。この長崎街道に沿った部分、および東北部の侍屋敷西北部土塁（裏十間川付近）の外側にあたる東側（紺屋町・材木町）や、西北部（伊勢谷本町・西魚町・八丁馬場など）に町屋地区が配置されていた。

先に述べた福井城下と同様に、街道沿いに町屋地区が配置されていた。

近世平城を際立たせた装置――堀・石垣と櫓・天守

山城から平山城や平城へ移ったというのが、すでに述べたように、中世から戦国期を経て、近世への城郭の立地変化の趨勢だった。

中世山城の主要施設は、山頂や尾根筋につくられた大小の曲輪であり、それに伴う土塁や堀などの防衛施設だった。多くの場合、石垣はあっても一部にとどまり、堀は山の尾根などの堀切（ほりきり）（尾根を切断した空堀）や、斜面に沿って浅く掘られた竪堀（たてぼり）（登り難くする縦方向の浅い空堀）だった。戦国・織豊期には、安土城に代表されるように、城郭に石垣や天守が登場した。しかし、それはまだ一般的ではなかった。

ところが近世の平山城や平城になると、城郭を取り囲む何重もの水を湛えた堀と石垣が一般化した。むしろ堀と石垣が必須となり、城下全体を取り囲む総構えの存在も珍しくはなくなった。城下には侍屋敷地区も町屋地区も配置された。

山城に比べて低い平山城はもちろん、平地や台地上の平城も、いずれも石垣で固められた広い堀をめぐらすのが普通となった。山城から平城への立地の移動は、軍事拠点を重要視した居城から、領国経営の核としての役割を重視した居城への、城郭機能の変化でもあった。

地形条件からすれば、平城と同様に、中世の平地居館も類似の平地に築かれていた。すでに述べたように、平地居館は平安末から鎌倉時代に多く、一四～一五世紀にも存在し続けた場合があった。南北朝ごろには、平地居館と山城がセットで存在した例もあった。しかしこのような平地居館と近世平城とでは、構築された主要施設が大きく異なっていた。

平地居館が全く無防備だったわけではなく、築地塀に取り囲まれているのが普通であり、その外側には溝（堀）があるのが通常だった。戦国期まで平地居館の様相の基本型を残していた例もあり、一乗谷の朝倉館（戦国大名朝倉氏の居館）がその典型だった。ただし、一乗谷全体が山に防御された狭い谷であり、その上・下流側を城戸で防御された空間ではあるが、朝倉館そのものはその中の平地居館であり、背後には一乗山城も備えていた。

ところが近世の平城となると、本丸・二の丸・三の丸などの曲輪が、基本的にそれぞれの水を湛えた堀で取り囲まれていた。しかもその堀幅が広く、また堀の側壁が垂直に近い石垣で固められているのが普通だった。例えば大友氏の豊後府内は、すでに紹介したように規模の大きな平地居館だったが、すぐ近くに建設された近世の平城である大分城と対比すれば、違いは一目瞭然である。

しかも近世の平城は、石垣の上に土塀を巡らして隅櫓を築き、さらに天守を聳（そび）え立たせているのが普通だった。領国統治の核として、同時に領主の居城としての威容を示す象徴でもあった。

さらに石垣の上にめぐらされた土塀には、矢狭間（やざま）や鉄砲狭間がつくられていた。塀に設けた隙間から城外を狙い撃ちにするためであり、城内の通路沿いの塀でも同様だった。領国統治の中心というのが主要目的だとはいえ、防御施設が十分に施されていたことはいうまでもない。

幅の広い堀も、切り立った石垣とその上の塀・壁と一体となって、威容の基本的な構成要素であり、また、外部からの浸入を防ぐ施設でもあった。金沢城や福井城には「百間堀」と通称された堀があったことをすでに紹介した。実際に堀幅が百間はなくとも、広い堀の代名詞であり、十分な防御機能の代名詞でもあったものだろう。

戦国期に鉄砲が伝来して以来、城郭は鉄砲による攻撃を想定し、その射程を考慮する必要が生じた。一般的に、火縄銃の有効射程距離が五〇～一〇〇メートル（二八～五六間）程度とされるから、百間でなくとも有効射程の距離を超える。近世の平城を囲む広い堀と石垣・塀は、当時の戦に対する防衛機能を満たしたものだろう。これを超える高性能の火器が日本にもたらされるのは幕末だった。

近世城下を規定したもの——街道と町屋地区

近世の平山城や平城は繰り返すまでもなく、単に大名の居城であるのみならず、多くの侍屋敷を城下に集中した両国支配の拠点だった。それを象徴した堀・石垣・土塀、櫓・天守など、威容を示す装置によって、領国支配・経営の核としての機能を強化していたことはすでに述べた。

たしかに城下にとって、領国支配のための家臣団の侍屋敷が重要な部分だったが、それと同時に領国経営には、城下に経済的な核としての機能も要請された。

そのため近世の城下は、先に紹介したすべての場合に、外堀の内外に主要街道が引き込まれていた。その街道沿い、およびそれと連なる街路沿いに、町屋地区が配置されているのが普通だった。町屋地区に居住するのは、家臣団とは異なって商人と職人だった。

言うまでもないことだが、商人は商品を仕入れて販売し、商品によっては加工も行った。

この仕入れと販売には街道ないし街路への近接が重要だった。多くの場合、短冊形を成していた商家の敷地は、短辺を表（間口）として街道・街路に開き、奥の深い敷地だった。職人は一般的に、原料を仕入れて加工する場合と、現場へ出かけて働く場合があった。職人の住居は、必ずしも街道や街路などの表通りに面している必要はなかったが、多くの場合、横丁ではあっても、やはり街路に接続しているのが便利だっただろう。

ここでさまざまな商家や職人の多様性の詳細を述べる余裕はないが、これらの町人が居住し、営業した城下の町屋地区は、領国の経済活動の中心だった。つまり近世の城と城下は、領国支配・経営の中心であるだけでなく、領国経済の中心でもあった。

この点からすれば、城や城下の囲郭、それと侍屋敷の位置関係といった構造は、直接的に領国の支配・経営の構造に結びつくだろう。それと同時に、城下と街道の位置や、街道と街路との結びつきは、領国経済とのかかわりに直結したとみられる。街道と街路は、都市としての城下に最も大きく作用しただろう。

例えば姫路城下の場合、町屋地区は城下の外郭を進む西国街道や但馬街道沿いだったことを先に述べた。町屋地区は、とりわけ街道と密接に結びついていたのだ。見方を変えると、町屋地区の位置ないし配置は、城下を通る街道との一体関係ないし接続状況によって決定されていた側面が大きかったことになる。

さらに名古屋城下の場合でも、中山道と連絡する美濃路（北西方）および東海道に結びつく熱田道（南方）はじめ、佐屋街道（西方）、小牧・木曽街道（北東方）、飯田街道（東方）などが城下から四方へと延びていたことをすでにみてきた。城下の町屋地区においては、方形の街区が設定されていたが、それらの街区の設計においても、街路が軸だった。

つまり、街区を画するのは街路で、街路は街道へと接続していた、とみることができる。名古屋城下のように町屋地区の街区を設定したり、姫路城下のように街路沿いに町屋地区を設定したりすることは、各地の城下にみられた。街区の形状や街路のあり方は多様だが、町屋地区のあり方は、むしろ街道との関係や、街路のあり方に規定されていると見ることができる。

先に取り上げた、いくつかの近世の平山城や平城の城下の場合も、いずれも主要道が通じていたことは共通している。名古屋や姫路のほかにも、若松城下の越後道や白河道、米沢城下の越後海道や会津海道、広島城下の西国街道、加納城下の中山道、彦根城下の朝鮮人街道、金沢城下と福井城下の北陸街道、佐賀城下の長崎街道などだ。

いずれの場合も、城下の町屋地区と街道ならびに街路の関係、つまり交通路との結びつきは極めて重要だった。都市と交通路との結びつきは、このような陸上交通のみならず水運にも及んでいた場合があったことにもすでに触れた。次には、その結びつきの具体的な様相をみていきたい。

第 5 章

都市はどのように
交通と結びついていたか

街道の規模と機能

近世の城下が領国支配・経営の中心であるとともに、経済活動の中心でもあったことはすでに述べた。経済活動の軸が、城下では町屋地区を規定する街路、城下の外ではまず街道だった。

街道網の基礎はすでに古代にあった。古代において官道は、都城（京）と五畿七道の国々の国府を行き来する官人・国司等が使う政治の道で、また、調庸物（税のうち京へ運ぶもの）を背に京へ向かう運脚（指名された人夫）や、防人・衛士の任へと向かう諸国軍団の人々が行き来する賦役の道でもあった。院政期に熊野詣が盛んになると、参詣する院や貴族の大人数の一行がたどった道もあった。

中世においては、古代以来の官道網の維持管理が不十分だったが、主要道や、いわゆる鎌倉街道などは、『吾妻鏡』が随所に記すようにまず軍事上の重要な軸だった。小著でしばしば紹介した『太平記』など、南北朝期でも行軍の記録は多い。戦国期にはさらに緊迫した行軍が増加した。

それだけでなく、京―鎌倉間の東海道などは多様な人々がたどった。訴訟や任地に行き来した貴族・武家、あるいはその家族がたどった折の紀行文も幾つか知られている。また路上には、各地に発達した市へ向かう近在の人々も見られた記録があり、市商人は幾つもの市を巡回したことも知られている。

近世においては、街道網が江戸を中心として再編・整備された。五街道は、諸大名の行列による参勤の道であり、京・大坂・長崎をはじめとする幕府直轄地との大名・旗本・御家人の任地への道、任地からの道でもあった。また時には、将軍が大軍を率いて京などへ赴く行進の道でもあった。また多くの商人や商品、飛脚などによる通信が行き来する道でもあり、庶民にとっては伊勢参宮・善光寺参りなどの道でもあった。

東海道では一七世紀ごろから、宿泊・休憩と人馬継立・飛脚（通信）のために各宿場に一〇〇人・一〇〇匹（馬一〇〇頭）の常備が定められていた。これが中山道では五〇人・五〇匹だった。さらに山深い木曽路一一宿については、二五人・二五匹への半減が認められていた。

宿場には、場所によって数は異なるものの、本陣・脇本陣、旅籠屋、問屋場が設置された。本陣・脇本陣は、参勤交代の大名や、公用で旅行する遠国奉行、駿府・大坂・二条の城代、京都所司代・町奉行などの任地への往復の際などに使用された。

庶民は旅籠屋を使用し、時期や旅程にもよるが、比較的安全に旅行をすることができた。例えば文化一〇年（一八一三）、大坂から江戸へと旅行した大坂商人、升屋平右衛門は、計一二泊の旅程が順調だったことを記録している（『日本都市生活史料集成』）。

人馬継立・飛脚のためには問屋場が設置されて、それらを差配した。これも公用の場合、規定内での使用と、それを越えても定額での利用が可能だった場合がある。

街道は、人・物の移動と情報伝達の機能を果たし、各地の中心である城と城下にとって不可欠な交通動脈だった。宿場はそのために必要な施設と人馬を提供し、街道と一体のものだったことになる。

中山道木曽路の場合、すでに述べたように二五人・二五匹の規模に縮小を許可されていたが、天保一四年（一八四三）には途中の妻籠宿が、本陣・脇本陣各一、旅籠屋三一であり、総家数八三、人口四一八人だったことが知られる。同じ年、中山道全体では、宿場町平均が旅籠屋数二七軒、人口一一四〇人だったから、妻籠の倍以上の規模だったことになる。

東海道ではこの年、旅籠屋数の平均が五五軒、人口が三九四四人だったから、中山道のさらに二倍以上の平均規模だった。参勤交代で往来する大名の数は、東海道一五四家、中山道三四家に及んだとされるので、両道の交通量は非常に多かったが、同時に、その差もまた非常に大きかったことになる。

とはいえ、街道に設置された宿場町の規模は、近世の大藩の城下や江戸・大坂・京の三都などの大都市と比べるとかなり小規模であり、同列の表現や取り扱いには違和感がある。

中世の貿易都市――堺・博多

古代の都や近世の城下などが、官道や街道などの交通路と密接に結びついている場合が多かったことはすでにみてきた。水路の重要性にも触れたが、改めて水陸の交通と都市との結びつきについて、具体的にみておきたい。

豊後府内は、すでに述べたように大友宗麟の館を中心とした平地居館群からなっていた。大分川の河口近くに位置し、キリシタン大名だった大友氏の有力な経済基盤が、この立地を生かした貿易だった。

宗麟が活動した時期と同じころに刊行されていた。『オルテリウス地図帳』には、日本図（一五九五年、テイシェイラ作）が所載されている。これには、九州に相当すると思われる島の北中部に、大きく「BVNGO（豊後）」と記入され、豊後府内の位置にも別途に「Bungo」と記されている。九州全体を豊後と表現し、さらに豊後府内の位置も記入しているのである。ヨーロッパ世界でも豊後府内がよく知られていたことの反映だろう。

この日本図にはまた、瀬戸内海に相当する内海の東端に「Sacay（堺）」が記されている。堺は中世の貿易都市として、やはりヨーロッパで有名だった。

当時の日本に来た宣教師、ガスパル・ヴィレラも堺のことをローマに報告している。「堺の町は甚だ広大にして大なる商人多数あり。この町はベニス市の如く執政官に依りて治めらる」、また「町は甚だ堅固にして、西方は海を以て、また他の側の深き堀を以て囲まれ、常に水充満せり（いずれも『耶蘇会士日本通信』永禄四年（一五六一）八月一七日、村上直次郎訳『異国叢書　上』）」と記されている。ここにいう執政官とは、堺の納屋衆と呼ばれた有力商人による会合衆一〇人を指すのだろう。

この報告のように大阪湾に臨む堺は、北・東・南を囲む堀を廻らせた環濠都市でもあり、典型的な自治都市だった。しかし永禄一一年（一五六六）、織田信長に二万貫の矢銭（やせん）（軍資金）を課され、元亀元年（一五七〇）には堺政所（松井友閑）が派遣されてその支配下に入った。

信長の死後は豊臣秀吉の支配下となり、堀が埋められて、堺商人の大坂への移住が進められた。さらに大坂夏の陣において焼き討ちされ、市街は焼亡した。

江戸時代に入り、元和元年（一六一五）に町割りと環濠が復興された。しかし、鎖国政策によって海外貿易が平戸と長崎に、ついで長崎のみに限定され、堺はその機能を失った。さらに宝永元年（一七〇四）には、河内平野を北流していた大和川が、石川との合流点から河道を付け替えられて西に流れ、堺のすぐ北で大阪湾に注ぐようになった。堺の沿岸には、大和川の土砂の流入が激増し、港湾機能は著しく低下した。

宝永元年「泉州堺之図（高石記明刊、南波コレクション）」では、大和川付け替え後だが、街路と環濠復興以後の状況を伝えている。海岸の堆積は見られるが、低下したとはいえ、そのままで港湾機能を果たしていたとみられる様相だ。環濠内の市街は南北に紀伊街道（市街内は大道筋（だいどうすじ）、北へは住吉街道）が貫通し、中央部の東西に大小路（おおしょうじ）が設けられて陸上交通の軸だった。

ところが図5－1の明治五年（一八七二）和泉国堺街衢近郊図（堺書林刊、神宮文庫蔵）では、環濠内の大道筋や大小路など、市街中心部に変化が少ないものの、海岸の様相が大きく変化している。

まず大和川河口付近では、陸地が広く形成され南島・松屋・塩濱・山本新田など、新田開発が広く行われている。大小路西端の海辺には、二つの半円状の陸地で囲まれた、円形の掘

図5-1　明治5年（1872）和泉国堺街衢近郊図
（右上が北、『日本の市街古図　西日本編』鹿島研究所出版会）

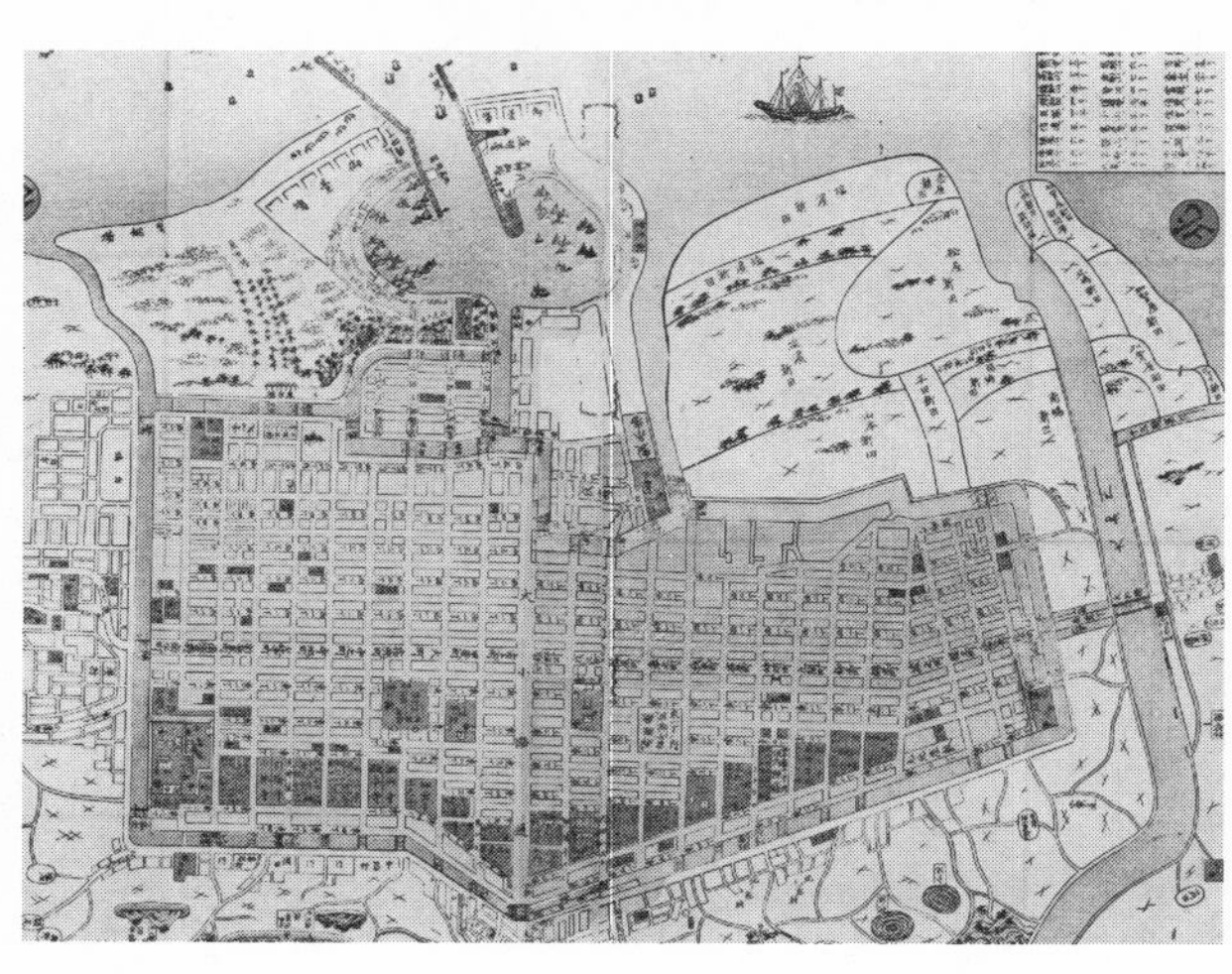

り込み港湾のような港が築かれ、内部に小型の船が数多く描かれている。港の南側にも広く陸地が形成され、海岸には「曳網場」と記入されており、地引網漁が行われていたものだろう。

堺の場合、秀吉による大坂への商人の政策的な移住と、徳川幕府の鎖国政策による堺での海外貿易の禁止が、いずれも港湾機能に大きな制約を加えた。さらに、大和川の付け替えによる海岸部の堆積の進行が、港湾機能そのものに影響を及ぼしたことになろう。政策的な制約、および人工的な地形条件の改変による港湾機能の低下が、都市の基盤を揺るがした例だ。

図5-2　博多付近（2万5千分の1地形図「福岡」）

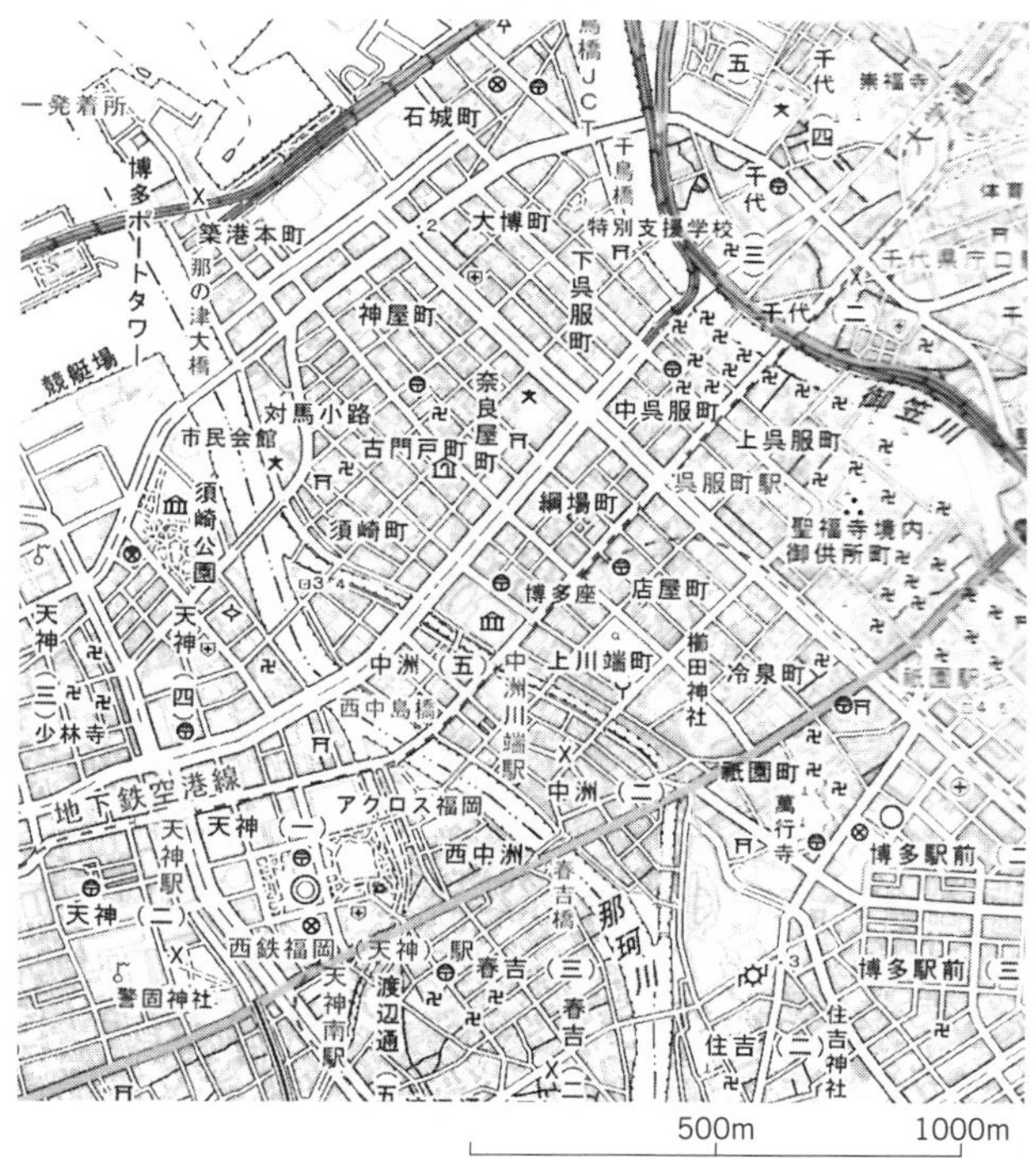

堺と同じころ、博多も貿易都市として栄えた。博多はすでに天平宝字八年（七六四）に「大宰博多津」（『続日本紀』）として、また承和五年（八三八）のこととして「大宰鴻臚館（だざいこうろかん）」（『文徳天皇実録』）とみえる地であり、古代から大陸との交流拠点だった。大宰府という古代国家最大の官庁下に置かれた港であり、迎賓施設でもあった。

中世の博多は日宋貿易の拠点であり、建久六年（一一九五）には博多浜の宋人百堂跡に聖福寺が、次いで東隣に承天寺が創建された。この禅宗二寺は南宋商人によって維持され、日宋貿易に重要な役割を果たして博多の拠点となった。「聖福寺古図」などによって両寺の配置と、聖福寺西北側の境内諸町の屋敷割りが知られている。

図5－2の地形図を見ると、御笠川と那珂川の間が現在の博多中心部であり、御笠川南岸に記入された「聖福寺境内」が中世以来の聖福寺の位置である。その東南に承天寺が、西北に境内諸町が存在したことになる。

発掘調査では、この境内諸町の西北側に、砂堆（さたい）背後の水面（現在の福岡市下呉服町付近）があり、狭い陸橋（陸繋砂州（りくけいさす）が母体か）によって、博多湾岸の砂堆である「息浜」と連絡していたと考えられている。この息浜が実際上の船着き場だった。また承天寺の西南には、鴻臚館の施設の一部と考えられている遺構が検出されている。

しかし、やがて元が南宋を圧迫し、日本にも襲来した。博多は、この元寇の防御のために防塁が建設された地でもあった。関ヶ原合戦以後には、黒田長政が筑前国に封じられ、慶長六年（一六〇一）から博多の西南に福岡城と城下の建設を始めた。

図5－3は「福岡城下町と博多近隣図」（三奈木黒田家文書）だが、同図は文化九年（一八一二）の写しである。なお原図の所在は不明であり、また同図は、原図に加筆がなされたものとみられている。

同図中央部上寄りに描かれた、分流が河口で再合流する川（那珂川）に挟まれた地が中洲である。河口に「冷泉津」（同図では読みとれない）が描かれ、港湾の存在を記している。その左上のやや傾いた方形の街区群が博多である。博多の左上を流れる川（御笠川）の南岸に、先に述べた聖福寺と承天寺ならびに境内諸町があった。

同図右下三分の二ほどにも市街が延びており、その中央付近の水面（西側は現在の大濠）に囲まれているのが福岡城である。海岸線に沿って湾曲した街路沿いが福岡城下だった。黒田長政は大賀宗九などを通じて貿易を行ったが、やはり鎖国政策の下で急速に衰え、博多はやがて、後に述べる西廻り廻船などの中継港として栄えることとなった。

同図には文化三年（一八〇六）の家数・人口が記入されており、福岡は「士官（侍）屋敷」

図5-3　福岡城下町と博多近隣図
（上が東、『日本の市街古図　西日本編』鹿島研究所出版会）

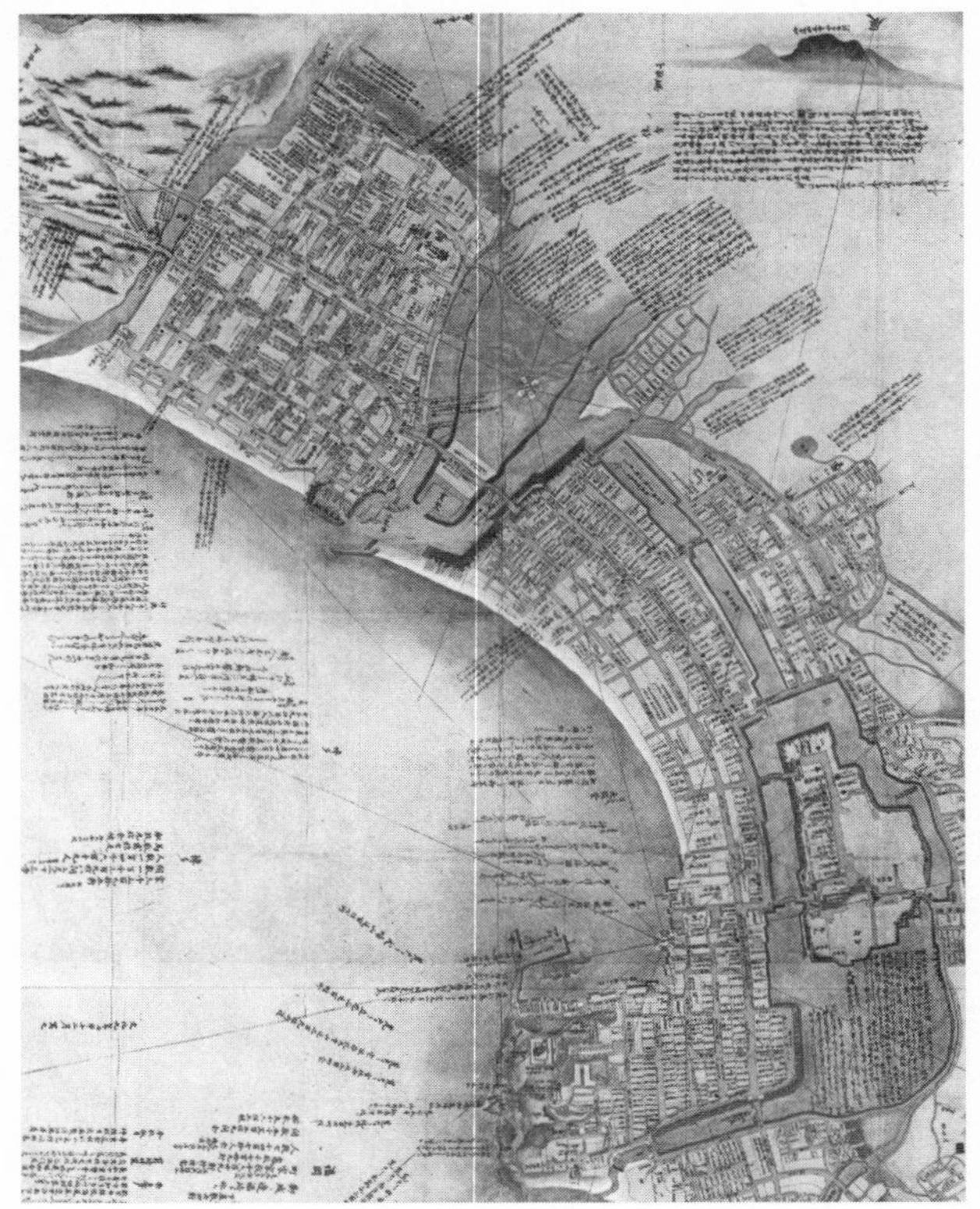

八三八軒、町屋の「家数」一六七九軒、「人数」七四七〇人だった。これに対して博多は、「家（基本的に町屋だろう）」三三九五軒、「人数」一万四六一九人であり、福岡の町屋の戸数と人口は博多の約半分だった。

同図下端に突き出た荒戸山の東麓（現在の博多漁港の西端）には港が描かれており、そこには「港町ノ内波登、船引場、新波戸百廿間」などの注記があって港湾施設があったことが知られる。博多の冷泉津とは別の福岡の港だった。博多と福岡は、それぞれ別の港湾を有していたのだった。

近世の港湾都市――長崎・新潟

近世の代表的港湾都市として、徳川幕府が唯一の貿易港とした長崎についてまずみておきたい。幕府は元和二年（一六一六）に、平戸と長崎に貿易港を限定し、次いで寛永一八年（一六四一）には、オランダ東インド会社の平戸商館を長崎の出島に移した。こうして長崎のみを貿易港とした「鎖国」政策が、堺や博多などの貿易港の機能を削いだことはすでに述べた。

長崎は、元亀元年（一五七〇）に大村純忠によって開港され、翌年にはポルトガル船が初

図5-4　享和2年（1802）肥前長崎図
（上が北西、長崎市立図書館蔵『日本の市街古図　西日本編』鹿島研究所出版会）

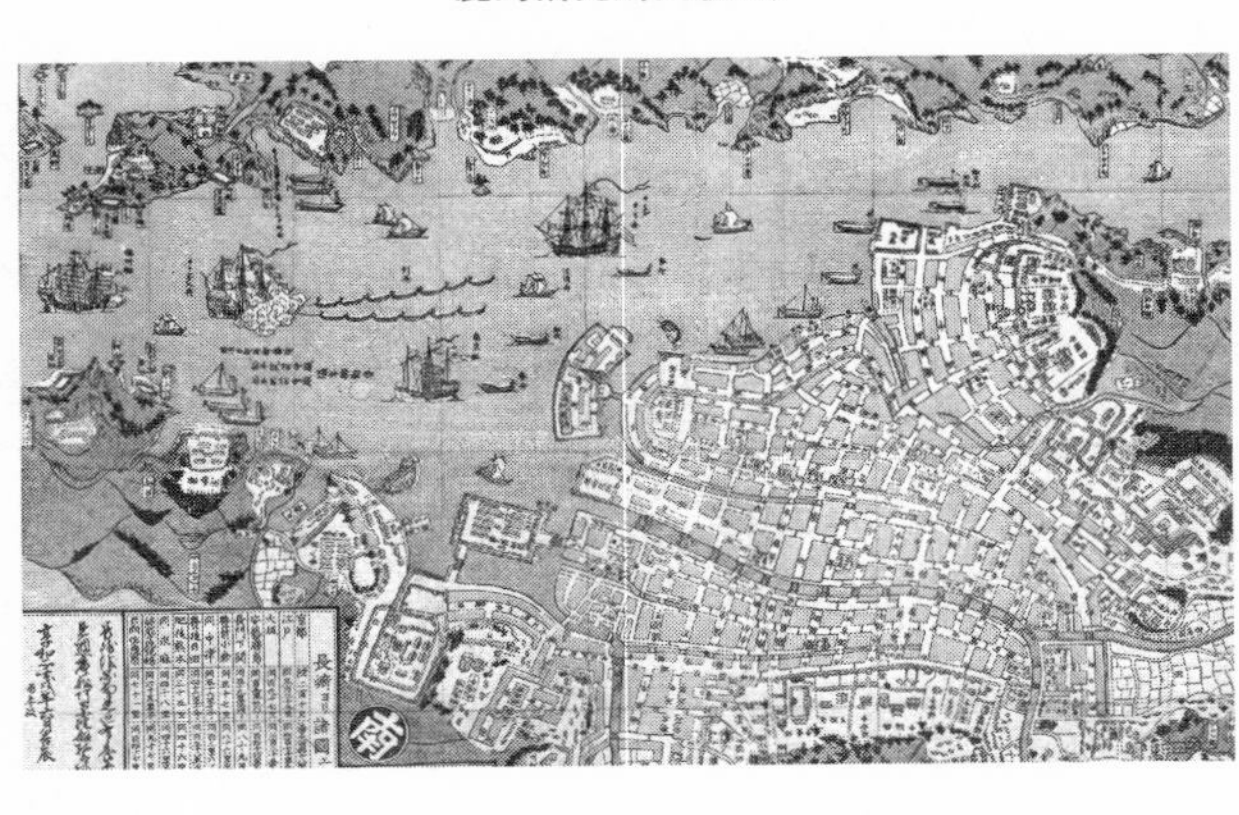

来航したという。天正八年（一五八〇）には、純忠が長崎港と周辺を寄進してイエズス会領となった。しかし同一六年、豊臣秀吉が直轄領としてイエズス会の城砦を破壊し、鍋島直茂を代官とした。

長崎は九州の西端、肥前国の中島川河口に形成された三角州を中心とした都市だった。享和二年（一八〇二）肥前長崎図（図5－4、長崎市立図書館蔵）は貿易港の様子をよく描いている。

長崎街道は、小倉から出て佐賀平野を横断し、諫早を経由、中島川（同図では二股川）上流から長崎に入る。低地に市街地が広がり、ほぼ中央の中島川には、すでに当時でも、多くの橋が描かれている。市街の東南山麓には寺院が並んで寺町となり、北から東北部の山麓には寺院のほか「正一位諏訪社、妙見社」などの神社も存在した。

　中島川河口の北寄り、陸地先端には円弧状の「出島町」が描かれ、河口南側には「新地、唐人荷物蔵」などと記された方形の埋立地がある。出島はオランダ東インド会社の拠点、この方形埋め立て地は、南岸の「唐人屋舗」と一体となった中国（明・清）貿易の拠点だろう。

　湾内には、「オランダカ、リ舟（係留船）」「オランダ入舟」などと記された大型帆船が描かれており、入舟の方は二列の「引舟」によって曳かれる様子が描かれている。ほかにジャンクのような帆の「福州船」と「南京舩（船）」も描かれていて、国際貿易港だったことを表現している。

　さらに、「御番所」「御用舩肥後」「注進舟」などの湖湾管理にかかわる施設や舟、また「松平筑前守殿、松平肥前守殿、隔年御勤番」といった制度の記載まで加えられている。

　次に、長崎のような海外貿易港ではないが、代表的な廻船の寄港地だった新潟を取り上げてみたい。九頭竜川河口の三国（福井平野）、庄川・小矢部川河口（かつては同一）の伏木（富山（呉西）平野）、神通川河口の岩瀬（富山（呉東）平野）など、日本海側に多い河口の港湾であり、流域平野における生産物の集積地であるとともに、廻船からもたらされた物資の積み替えと上流への配送の拠点でもあった。とりわけ、河村瑞賢によって西廻り航路が確立した寛文一二年（一六七二）以後、この海運ルートは活況を呈し、これらの日本海側の河口港は一段と重要性を増した。

新潟は信濃川河口左岸にあり、旧市街は信濃川の滑走斜面側の堆積地に形成されていた。湾曲した下流の内側（滑走斜面）は河流の流速が落ちるので沿岸に堆積が進み、寄り州ができやすい。新潟旧市街はこの寄り州上に建設された。元和四年（一六一八）に入部した、初代長岡藩主牧野忠成の領地の時代だった。

図5－5の旧版地形図では、信濃川の萬代橋北側の大川に沿って、湾曲したほぼ平行な街路の部分、「上大川前通、本町通、（外堀通、図に名称なし）、古町通、（西堀前通、図に名称なし）」の付近が旧市街地である。古町通南西端の「古町神明町」は、やや遅れて寛永一五年（一六三八）に建設されたという。旧市街の西方図外には師範学校（現在の新潟大学）があるが、砂丘上の同大学付近では標高約一〇メートルであるのに対し、旧市街付近では一メートル程度でしかない。

信濃川上流の新潟平野のみでも新潟港の後背地は広大だが、寛永一〇年に阿賀野川の河道が変遷して信濃川河口と合流したため、阿賀野川流域をも後背地に加えた。上杉氏の支配以

図5-5 新潟（旧版2万5千分の1地形図「新潟北部」「新潟南部」）

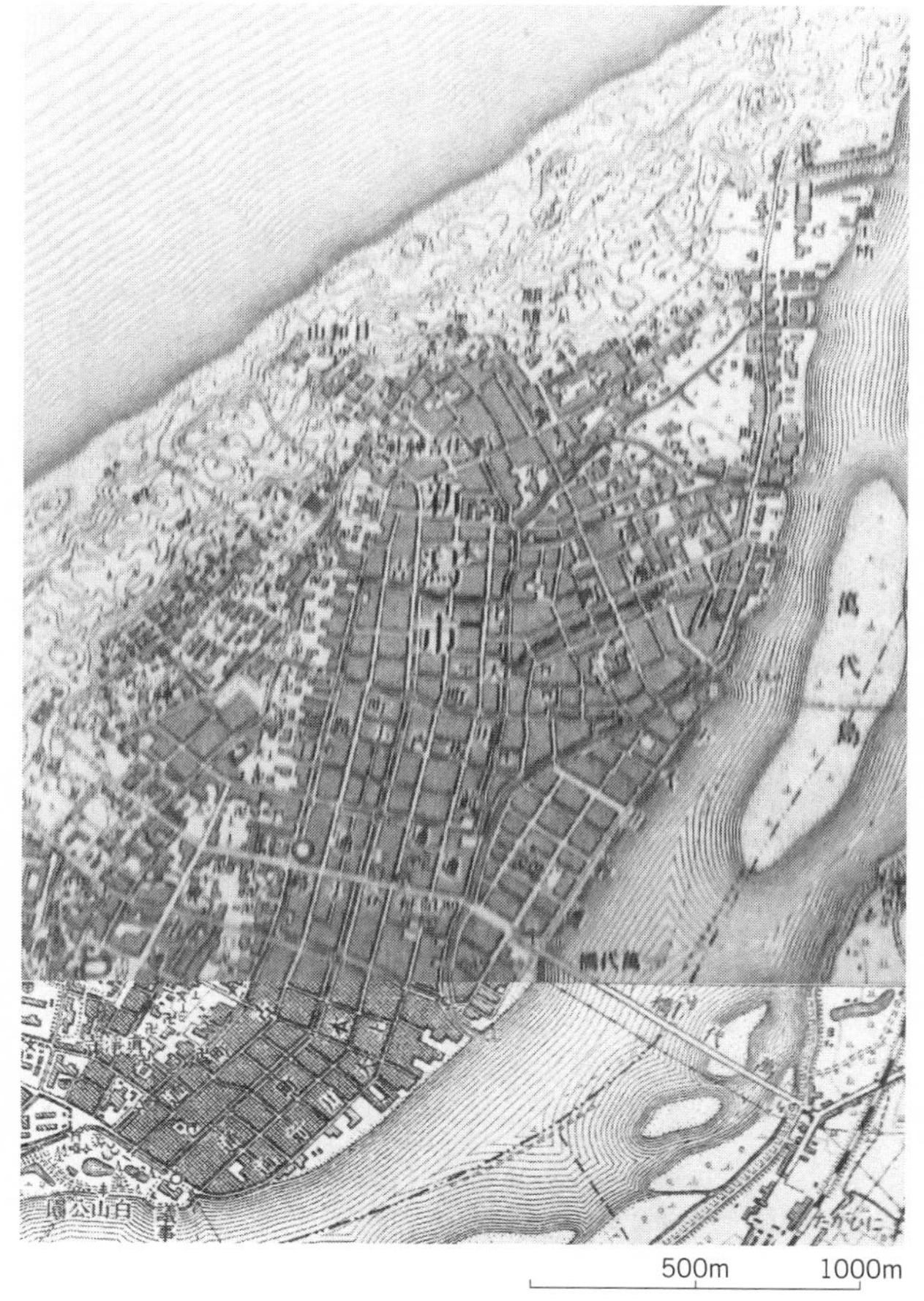

図5-6　嘉永2年（1849）新潟真景
（『日本の市街古図　東日本編』鹿島研究所出版会）

来、佐渡との連絡拠点でもあって、新潟港の立地条件は一層有利となった。ただし、享保一五年（一七三〇）には河口付近に分水路が建設されて阿賀野川が直接日本海へと注ぐようになり、この有利性はやや減じた。

先に述べた堺の場合、大和川河道が付近に建設され、港湾の堆積が進行して港湾機能が低下した。新潟の場合も阿賀野川の分水路建設によって水量が減じ、そのために河床の堆積が進んで浅くなり、やはり港湾機能が低下したとされるが、機能を大きく変えるほどではなかった。

さて図5－6は、「新潟真景（嘉永二年（一八四九）、小尾保重作）」と題された鳥瞰図風の地図である（理由は後述）。真景（図とは江戸時代後期から明治時代によく用いられた表現であり、写実的な表現であることを意味する。

同図では信濃川が、図の右上から左下へと湾曲して流れるように描かれ、上部に角田山・弥彦山などの遠い山々を、下部に日本海を配している。信濃川を多くの帆船が帆を広げて遡上し、上流には帆の無い小舟が行き来する様子を描いている。川岸には帆を下した船が二カ所にたくさん集まって停泊している様子も描いており、このような描写の限りでは絵画と表現する方がふさわしい。

鳥瞰図とみられるのは新潟の市街地部分であり、湾曲しつつ左右に延びるそれぞれの街路には町名が記入されており、運河の有無も正確に描かれている。上から二番目に「本町通」、四番目に「古町通」と記入され、すでに述べた図５－５の記載と合致する。

この両通は街路のみだが、その両通間（東堀）と古町通の下方（西堀）には、運河を伴っている様相が表現されている。さらにこの両運河を結ぶ、直交した四本の運河（と街路）も描かれている。これらの運河は、帆を下して停泊している二群の船の中央部から続いており、おろされた荷が、これらの運河によって市街地へと運ばれて陸揚げされ、また市街地から停泊している船へと別の荷が運ばれた様子を描いたものだろう。これらの運河は、いずれも明暦元年（一六五五）に開削されたという。

さらに、最下部の運河と街路の下方には「御役所」と数カ所の「御役宅」が並んでいる様相を描き、さらに下部には数多くの寺院が並んでいる状況を寺院名付きで描いている。寺院がたくさん並ぶ様子は図5－5の旧版地形図でも見られる。また信濃川沿岸には何カ所かの「御番所」と「蔵所」もあって、港湾の状況が知られる。水運は都市発達の重要な要素だった。

近世城下の舟入――府内城・高松城

近世の城下においては、広島や福岡の立地が水運を志向していたことをすでに紹介した。城郭を構えていたわけではないが、戦国期における大友氏の豊後府内が南蛮貿易を重要な経済基盤としたことも述べた。

島津氏との抗争に敗れた大友氏は豊臣秀吉の傘下となるが、文禄の役における失態によって改易された。慶長二年（一五九七）、府内に入部した秀吉傘下の福原直高は、八町四方の府内（大分）城の縄張りをしたとされる。立地からみて典型的な平城である。直高が徳川家康によって改易された後、慶長六年（一六〇一）に豊後高田から入部した竹中重利によっ

図5-7 豊後府内城下図
（上が東、『日本の市街古図 西日本編』鹿島研究所出版会）

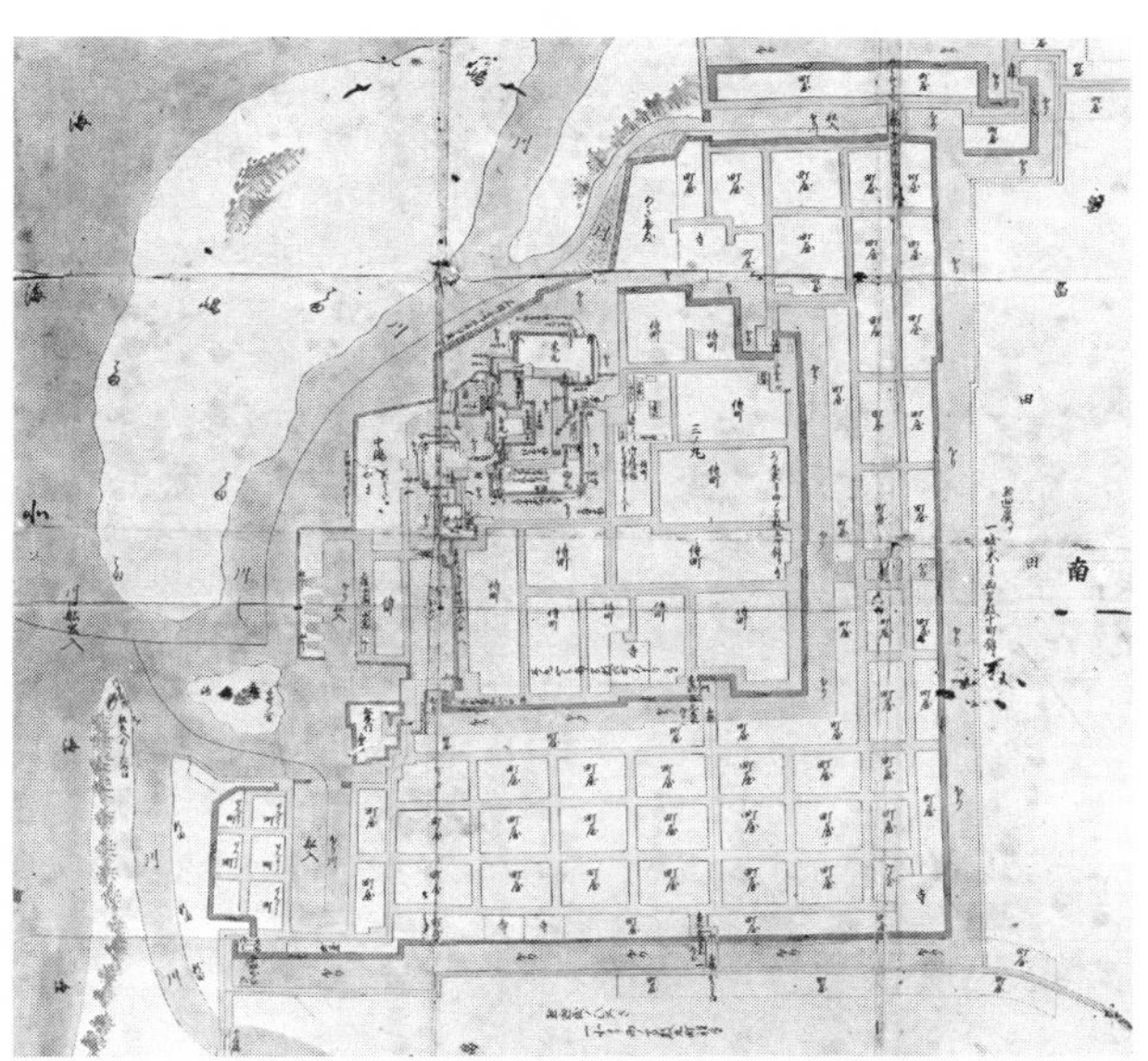

て、府内城が増築されて完成した。重利はさらに、城下に町屋地区を設定し、同一〇年には町屋の外側に堀（外堀）を掘った。

図5－7は、「豊後府内城下図」（左が別府湾、上田保蔵）と称される城下絵図だが、作製年が記載されていない。ただし城下や中洲の様相から、一七世紀中ごろと推定されている。

大分川（同図では「川」）河口付近に築かれた府内城は、城下から見て北東隅に位置し、中央の「本丸」と、堀（同図では「ほり」）を介した周囲の「東丸、西丸、北丸」などからなる。城全体を囲む内堀と中堀の間に「侍町」が、中堀と外堀の間に「町屋」地区が設けられている。

町屋地区からは三方に街道が続く様子が描かれている。東南の「総通東ノ口番所」から外堀の「土橋」を出た街路は外堀沿いに南北に分かれ、南へは「しょくせうくち（塩九升口）」を経て「臼杵・鶴崎・高松・佐伯方々」への道筋となる。「総通西ノ口番所」からやはり外堀の「土橋」を出た街路は、これも外堀端を南北へ分かれ、南は「かさわ（笠和）口」を経て「武田・肥後・長崎方々」への道筋と記されている。また「総通北ノ口番所」を出た道は「千石橋」を経て西方の別府方面へと向かう。この三方の出口には、外堀外にも街道沿いに町屋が描かれている。

このように町屋地区の街路が主要街道に接続している様子は、すでに述べた城下の諸例と共通する。

同図には水運関係の表現も多い。北端の河口には「川口船（船）出入」と記され、西から延びる砂州の先端付近には「川口番所・船出入あらため口」と番所の存在が記されている。

城下西北方にあたる中堀への入口付近の東側には、埠頭が並んで突き出した櫛歯状の表現と「ほり、舟入」の文字が記入されている。この舟入は「侍町」に接して存在し、その西の向かい側には「船奉行」の所在が記されている。藩の港湾管理施設であり、直営の埠頭でもあったとみられる。

櫛歯状の埠頭の西方にも「ほり川・舟入」の文字・表現がある。こちらの方は町屋地区に接しており、いわば商港だったものだろう。その北岸には五区画の「せんとう（船頭）町」があった。外堀でも、東側の町屋地区外側の堀には「ほり川・船入」の記入がある。

府内の城下は主要街道に直結していたことに加え、同時に港湾機能をよく整備した構造だったと言えよう。

高松城（香川県高松市）もまた完全な平城であり、瀬戸内海に直接臨む水城（海城）としても著名な城だった。高松城と城下は、生駒正親によって天正一六年（一五八八）に築城が開始され、同一八年に完成したとされる。

図5－8の高松市街古図（高松市図書館蔵）は年紀の記載はないが、宝暦年間（一七五一～一七六二）以降のものと考えられている。市街北東部の城郭が海と三重の堀に囲まれており、図の北側中心部の堀が城郭の外堀である。城郭は北側が直接瀬戸内海の水際に臨み、玉藻城とも呼ばれた様子は海上からも眺めることができたという。

図5-8　高松市街古図
（上が北、『日本の市街古図　西日本編』鹿島研究所出版会）

中堀と外堀の間、つまり城下の外堀内の部分は、城下全体から見て相対的に狭い。そのうち南側が侍屋敷で、屋敷ごとに侍名が記されており、東側の灰色に見える部分が「町屋」地区だ。外堀内に町屋地区のある点が高松城下の特徴の一つだろう。この両地区を囲む外堀には、南側中央部と東西に三カ所の橋が架けられ、外堀外の城下と接続している。それぞれの橋の内側には、黒いコの字型で表現された虎口が設けられている。

外堀南側中央部の橋からまっすぐ南へと延びる街路および、これとT字型に直交する東西の街路沿いの大半に町屋地区が並んでいる。南北・東西の街路沿いの町屋地区はいずれも、何本かの平行する街路沿いだ。北端の東西の街路は外堀の堀端であり、堀沿いの町屋地区は、南側だけに町屋が並ぶ片町となっている。

この東西の街路は、同図東端の川（杣場川）を越えて東に延びるが、反対の西側は西端の石清尾八幡宮門前から流下する川の河口まで（高松市錦町一丁目北西隅付近）であり、さらに西へは続いていない。

街路に沿った町屋地区もまた、全体として幅広のT字型の形状となっているが、町屋地区の一部は外堀の東側（外堀内の町屋地区の対岸）にも及んでいる。

T字型の町屋地区の背後（T字の両脇に当たる位置）には寺院が所在し、同図では不整形の区画が黒く見える。さらに町屋地区の西側と北側を中心に、小規模な屋敷が多い侍屋敷地区が広く存在している。このような外堀外の侍屋敷の広がりが、相対的に大きい。

東西の街路と異なり、中央から南へ延びる街路は、城下を出て金毘羅街道となり、東西方向の南海道に接続する。途中の城下南端付近で、西の山麓に描かれた神社へと向かう街路と分岐している。神社は石清尾（いわせを）八幡宮であり、歴代の藩主ならびに城下の人々の尊崇を集めた。神社参道の両側には「馬場町」が存在する。

このように町屋地区と街路・街道との結びつきが密接なことは、高松城下でもこれまでみてきた諸城下と同様だが、高松では臨海の港湾設備も確認できる。

図5－8に描かれた城郭西方の外堀北側部分は、堀幅が非常に広くなっており、瀬戸内海から直接、船が入れそうな形状だ。さらに西側には、櫛歯状の埠頭が両側に並んだ港が描かれ、その陸側に「御舟蔵」と記されている。さらに西方の町屋地区の西端付近にも舟入と思われる長大な切り込みの水面が描かれ、町屋の背後（海側）の囲みには「御材木蔵」の記入がある。さらに、これらの舟入を取り囲むのが侍屋敷であることからも、藩直轄の港湾施設だったと思われる。

さらに御舟蔵・御材木蔵近くには、二カ所の港を囲むように突出した部分があり、そこには建物が描かれている。説明の記入はないが港への出入りの番所のように見える。

同じように、城郭の東側の町屋地区にも三カ所の突出部があり、類似の建物が描かれているので、これもやはり番所だった可能性がある。

そうであれば、城下東北端の町屋地区にも港があったのだろう。外堀の入り口付近が広くなっていて港として機能していたと思われる。これと接して「御役所屋敷」と記入された区画があり、港湾管理にかかわった可能性がある。

なお、東側の町屋地区北端の沿岸には「魚屋町」が、北東端の外堀岸には「北浜」の名称が、いずれも数カ所記入されている。周囲が町屋地区であることから見て、町屋と結びついた商業港湾・漁港だった可能性がある。

高松もまた豊後府内と同様に、水運機能と強く結びついていたことが知られる。

江戸と水陸交通

近世において三都と称されたのは江戸・大坂・京都で、いずれも当時の大都市だった。それぞれの起源や構造が異なり、また、特徴的な機能も異なっていた。

江戸城は徳川家康によって築城されて幕府の拠点となり、城下には数多くの大名と旗本・御家人の屋敷が展開した。一方、豊臣秀吉が築いた大坂城は戦火でいったん焼失し、近世に再建されたが、大坂城下はすでに町人の世界となっていた。また京（都）は、すでに取り上げた古代の平安京が起源だ。幾多の変遷を経た近世の京にも城（二条城）はあったが、むしろ禁裏と公家町が特徴的であり、寺社と名所の多い都市だった。

このような三都は、それぞれ多くの古地図に表現されたが、巨大な都市の全貌を一覧することは容易ではない。とはいえ三都は三者三様の形で、強く水陸交通と結びついていた。それぞれの交通拠点を見ていきたい。

近世江戸城と城下が建設されたのは、徳川家康が関東に入封した天正一八年（一五九〇）以後であることは改めて述べるまでもない。その後、幕府の所在地となり、さらに参勤交代による全国諸大名の江戸在府（概ね半年ないし一年ごと）もあって、急速に巨大都市へと発展した。

元禄八年（一六九五）の町方人口は三五万人余だったが、人口統計が整った享保六年（一七二一）以降は四五万〜五〇万人、ほかに寺社奉行支配の門前町等の人口が六万〜八万人だった。後の明治二年（一八六九）の人口だが、旗本・御家人二〇万〜二五万人、二五〇家ほどの諸大名四〇万人（いずれも家臣含む）ほどとされるので、仮に単純に合計しても一〇〇万人を超える。江戸は巨大な都市だった。

この巨大さが、江戸の最大の特徴だったが、ほかに町方支配地、寺社奉行支配地、大名・武家屋敷といった、異なった支配の土地が混在していたことも大きな特徴だった。

ただし江戸は、何回も大火に見舞われ、その度に市街に変更が加えられたことはよく知られている。とりわけ、「振袖（ふりそで）火事」とも称された明暦三年（一六五七）の大火では、市街の多くの住居・建物はもちろん、江戸城の天守閣まで焼失した。

この大火の後、北条安房守正房によって、新たな江戸の実測図が作製された。「寛文五枚図」とも称される大縮尺図と、その成果を受けて寛文一〇年（一六七〇）から、縮尺を縮めて一枚図にした「新板江戸大絵図」（遠近道印（矢守一彦によれば北条正房）作、経師屋加兵衛刊）などが刊行され、これを契機として江戸図の刊行が盛んとなった。

図5－9は、元禄三年（一六九〇）「江戸御大絵図」（林氏吉永刊、部分）の日本橋川河口付近だ。図の上（西）部から下（東）部にかけて、「一石橋、日本橋、江戸橋」が順に架かっている。

徳川家康の街道整備構想によって、日本橋は慶長八年（一六〇三）に架橋された。翌年に日本橋は、江戸から各地に向かう五街道の起点（現在は「日本国道路元標」）とされた。北へ向かう「室町」の街路が、中山道、日光街道（先は奥州街道となる）であり、西へ向かう甲州街道も日本橋を起点とした。日本橋は北へと接続する起点となり、南へは日本橋たもとの「南一町目」から東海道へと続くこととなった。つまり日本橋を通る南北路は、全国各地へと向かう五街道の要として、陸路の全国体系の中心となったのだ。

この図には記されていないが、室町には幕府の金座（現在の日本銀行へと結びつく）が設けられ、三井家の事業拠点（「越後屋」呉服店、現在の三越本店）も開業して、江戸随一の経済中心だった。日本橋から南北への街路沿いには多くの町屋地区が配置された。

図5-9　元禄3年（1690）江戸御大絵図　日本橋川付近
（上が西、『古板江戸図集成』第二巻、中央公論美術出版）

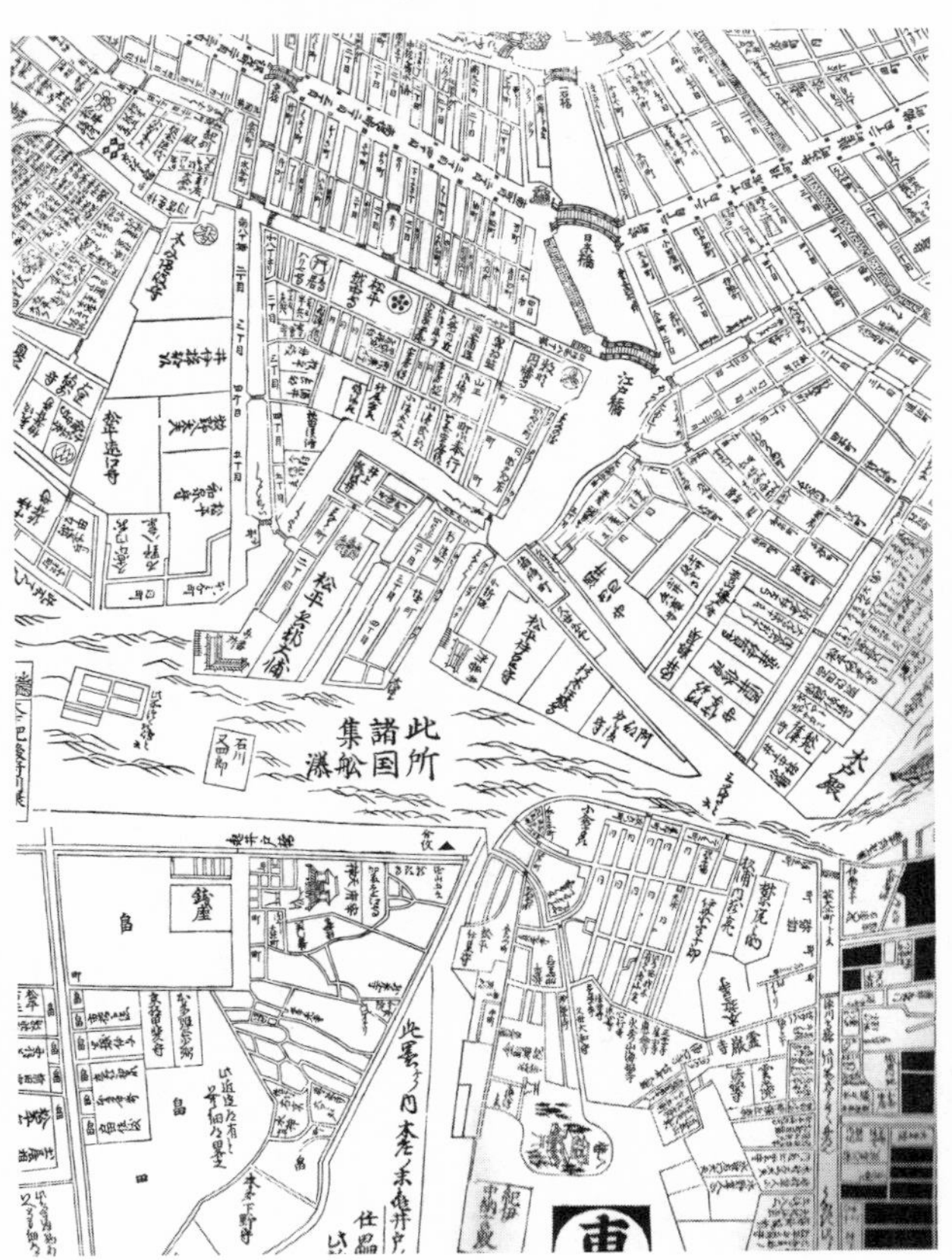

同図の日本橋と江戸橋の中間北岸には沿岸河中に文字が記されている部分がある。この北岸には魚河岸があって、近代になって築地へと移転されるまで、江戸随一の魚介類の大市場だった。

このように、日本橋付近が陸上交通の中心だったが、同時に河口付近一帯は水運の一大拠点でもあった。

日本橋川河口付近の海上に特に記入されているのは、「此所諸国集船（船）湊」との大きな文字だ。文字通り、各地の廻船が集積したものだろう。二つに分岐した北側の河口の北端には、建物と「舟番所」の記載もあって、管理施設が設けられていたことも知られる。南側分流の河口北端にも、やはり建物と「舟番所」の記入がある。

日本橋川河口付近には北から「浅草川（隅田川）」も流入していて、同図掲載部分の北側だが、両国橋の上・下流に大小の船が描かれている。すぐ上流の西岸にも、八棟もの倉庫様の建物とそれぞれの舟入が描かれ、その奥には「札場」の建物も描かれている。また東岸の「向井将監」の屋敷前には「御船蔵」が、やや上流の「酒井下野守」等の屋敷の背後には「御材木蔵」の記載もある。

日本橋は主要街道の起点として陸上交通の中心だったが、それとともに日本橋川と浅草川の河口一帯は、水運の一大拠点でもあった様相が描かれている。

大坂と西廻り航路

近世の三都の一つとされる大坂が、古代に難波宮・難波津の所在地だったことはすでに第2章で述べた。ここで取り上げる近世の大坂に直結した都市建設は、豊臣秀吉による城と城下の建設であり、天正一一年（一五八三）〜慶長三年（一五九八）のことだった。当時堺の商人が大坂へ移住させられたことにもすでに触れた。

しかし、その後の二度にわたる大坂の陣で豊臣氏が滅び、秀吉の大坂城と城下が消滅に近い戦火を受け、戦後大坂へ入部した松平忠明によって町の復興が開始された。元和五年（一六一九）に大坂は幕府の直轄地となり、同六年〜寛永六年（一六二九）に幕府によって大坂城が再建された。

大坂城には大坂城代が任命されて入っただけなので、江戸に比べて大坂の武士の人口は極めて少なかった。ただし、人口は二二万〜四一万人ほどだったとされるので、町人人口そのものは先に述べた江戸よりやや少ない程度だったとみられる。

城下では、貞享元年（一六八四）から同三年にかけて、幕府の指示によって河村瑞賢による大規模な工事が実施された。最初の工事として、九条島を断ち割って新川（後の安治川）が開削され、また中之島付近での大川（淀川）の浚渫が行われた。二度目の工事は元禄一一年（一六九八）の堀江川開削と木津川流末部の流路の直線化であり、堀江や安治川沿い、道頓堀南側で新地の造成が始まった。この工事と大和川の付け替えなどによって、大坂の水害は著しく減少したという。

図5－10は、貞享四年（一六八四）新撰増補大坂大絵図（大阪府立中之島図書館蔵）の北側部分だ。上町台地先端に位置する大坂城が上（元図では右）に描かれ、その左方（北）から流れ込む川が「淀川筋」であり、上（東）から合流する「大和川」を合わせて下方（西）へ流れている（大川）。

大川は途中でいったん三本に分かれて、左（北）から「そねさき川」（曽根崎川、現在は埋め立てられて存在しない）、堂島川、土佐堀川（いずれも同図に名称なし）となり、再び合流した後、下流は前述の「九条嶋」を掘削した「新川　幅四十間（七二メートル）」となっている。元の流れは九条島東部の「尻なし（無）川」であり、掲載範囲外だがその分流の下流には、先に触れた「木津川」の名称が記入されている。

大和川の大川（淀川筋）との合流点近くには「京橋」が描かれ、下流へ順に「天満橋、天

図5-10　貞享4年（1684）新撰増補大坂大絵図
（上が東、大阪府立中之島図書館蔵、『近世刊行大坂図集成』創元社）

神橋、難波橋」が大きく描かれている。

大坂城北側の京橋を渡った対岸には、東北へ向かう道に「京海（街）道（東海道の延長とされることもある）」、東に向かう道に「大和海（街）道」と記され、それぞれ主要な街道だった。

この大絵図の下部には、年紀・版元名とともに「京橋ヨリ方々への道、大坂川口より道」と各所への距離が記され、京橋が起点となっている。京橋とともに北西方への起点とされている大坂川口は九条島北端（大阪市北区、旧外国人居留地）付近だったとされ、曽根崎川を渡り、北岸の東西路を経て北西へと転じ、中津川と神崎川（いずれも淀川分流）を越えて摂津北部へ向かう道が描かれている。

一方大坂から南へは、天満橋の南詰付近から南へまっすぐ延びる谷町筋が主要路だった。渡辺津（天満橋下流側の位置）から熊野へ向かった、平安時代以来の熊野詣ルートを踏襲した熊野街道だ。天王寺を経て南へと向かい、堺の項で紹介した「住吉街道、大道筋、紀伊街道」に結びつく。このように京橋・天満橋付近は、北東・東方・南方に向かう街道の起点であり、陸路の中心だった。

さて図５－10のように、谷町筋の西側一帯には、方形・長方形の街区が描かれ、大坂市街の中心部だった。ここには、基本的に侍屋敷はなかった。町屋地区の街路は大坂城へ向かう東西の方向が本通りであり、本町などの街路沿いの町は東西方向に延びていた。南北方向の筋（御堂筋など）がメインストリートとなるのは近代になってからだ。

水路は、大川から南へは東横堀川が、土佐堀川から南へは西横堀川が引き込まれていた。大阪湾側の木津川・尻無川からは、西横堀川に向かって東西の川筋が何本も引き込まれていた。南の長堀川は東横堀川まで引き込まれ、図の掲載範囲外だが、さらに南には道頓堀川が東西に引き込まれて、全体として東西南北の運河網となっていた。

大川・土佐堀川の南岸が、方形の街区からなる町屋地区であるのに対し、難波橋下流の中之島には、屋敷が南北の土佐堀川と堂島川の両岸に接し、武家（大名）名が記入された区画が並んでいる。諸藩の蔵屋敷であり、各地の年貢米が運び込まれて取引された。中之島のすぐ下流の九条島北端には「舟番所」が記入されていて、船の出入港管理にあたっていたものだろう。

堂島川北側の「堂嶋」には数カ所の街区の形成が始まっている様子が描かれているが、大半は「新荒地」とされている。ここに堂島米会所が設置されるのは享保一五年（一七三〇）であり、図5－10の刊行時から四〇年以上を経た後だった。

とはいえすでに、大坂は陸上交通の要だったのみならず、水運の集積地でもあり、先に述べたようにほとんどが町人の人口からなる大都市は、まさしく水陸交通を背景としていた。

このように、江戸・大坂は東京湾・大阪湾の臨海に位置し、いずれも水陸交通の要としての立地条件に支えられていた。これに対して、三都の一つに挙げられている京（都）は内陸だ。水運との結びつきは薄かったのだろうか。

京と運河

京の起源が平安京だったことは繰り返すまでもない。古代の平安京から周囲へは、六本（出入り口付近は三本）の官道（国家管理の道）が建設され、それぞれに駅（駅馬・駅子を常備）が整備されていた。全国の官道網の中心として、都の機能を支えてきたのである。東へは東海道・東山道・北陸道の三道があって最も多く、南へは南海道・山陽道（先には西海道）、西へは山陰道が平安京から出ていた。

東へ向かう三道は、もともと九条坊門（八条大路と九条大路の中間）の鴨川に架けられた「辛橋」（『日本三代実録』）、「唐橋・韓橋」（九条家本『延喜式』「左京図」）とも表現、以下唐橋）から東山を越えて東へ向かい、山科盆地東麓を平城京から北へ向かっていた奈良時代以来の東山・北陸道へと連絡していたと考えられる。これが、九世紀末・一〇世紀初めまでは機能しており、唐橋も存在していたことが知られる。その後、三道合わせて三条付近から蹴上を越え、山科盆地北部を東へ向かうルートに変更されたと思われる。

平安京の右京（西半部）はやがて市街が廃れ、市街は左京と鴨川の東が中心となり、周囲の官道もそのままでは維持されなかった。しかし、さまざまな変化を経つつ近世となってからも、これらのルートは基本的に主要な街道として踏襲されてきた。近世の京都は大坂に次ぐ規模の都市だった。

天正一九年（一五九一）に豊臣秀吉は、御土居と呼ばれる京を取り巻く土塁を築いた。これには、周囲への街道の出入り口が設定され、やがて「京の七口（ななくち）」と称されるようになった。西北から右回りに、長坂口、鞍馬口、大原口（今出川口）、荒神口（志賀道口）、粟田口、伏見口、竹田口、東寺口、丹波口などがよく知られるが、正確に七カ所を意味するものではなかった。

主要街道が起終点としているのだから、江戸・大坂と同様にまずこの道路網が京都の交通基盤だ。このうちでは、粟田口（三条）が特に特徴的だろう。図5－11は、竹原好兵衛刊「改正京町絵図細見大成」（天保二年（一八三一）版）の粟田口付近であり、掲載部分の中央付近において、黒っぽく見えるのが鴨川、鴨川に架かるのが三条大橋（「橋六十一間巾三間」と注記）である。東から入って来るのが東海道（中山道も）であり、江戸から五十三次目の宿場町である大津を経た終点、京都の入り口だった。

三条付近の鴨川は、もともと河床を歩いて渡っていたものと思われるが、三条大橋の架橋が明確に知られるのは天正一八年（一五九〇）だ。御土居建設の前年、秀吉配下の増田長盛が架橋した（『京都坊目誌』所載の擬宝珠銘）。江戸時代には幕府の官橋（公儀橋）となったが、増水の度に落損・大破し、その後も修造を繰り返した。とはいえ、京都への人と物資の主要な出入り口の一つであり、京都の交通基盤を代表する場所だった。

その三条大橋の西側に、鴨川に沿って南北に走る、鴨川と同じ色調の水路（図５―11参照）がある。現在も残っている高瀬川である。慶長一六年（一六一一）、角倉了以が幕府に申請して掘削を始めた運河だった。

了以はまず、二条樵木町（二条木屋町）から鴨川の河水を導入し、東九条村（京都市南区東九条、鴨川の陶化橋上流）で鴨川と合流する運河を建設した。次いで、伏見・鴨川間にも運河を建設し、淀川と京都を運河で連結したのだ。全長五六四八間余（約一〇・二キロメートル）、川幅の平均四間（七・二メートル）に及んだ。角倉家は二条樵木町に角倉役所の設

図5-11　天保2年（1831）改正京町絵図細見大成
（上が北、『慶長昭和京都地図集成』柏書房）

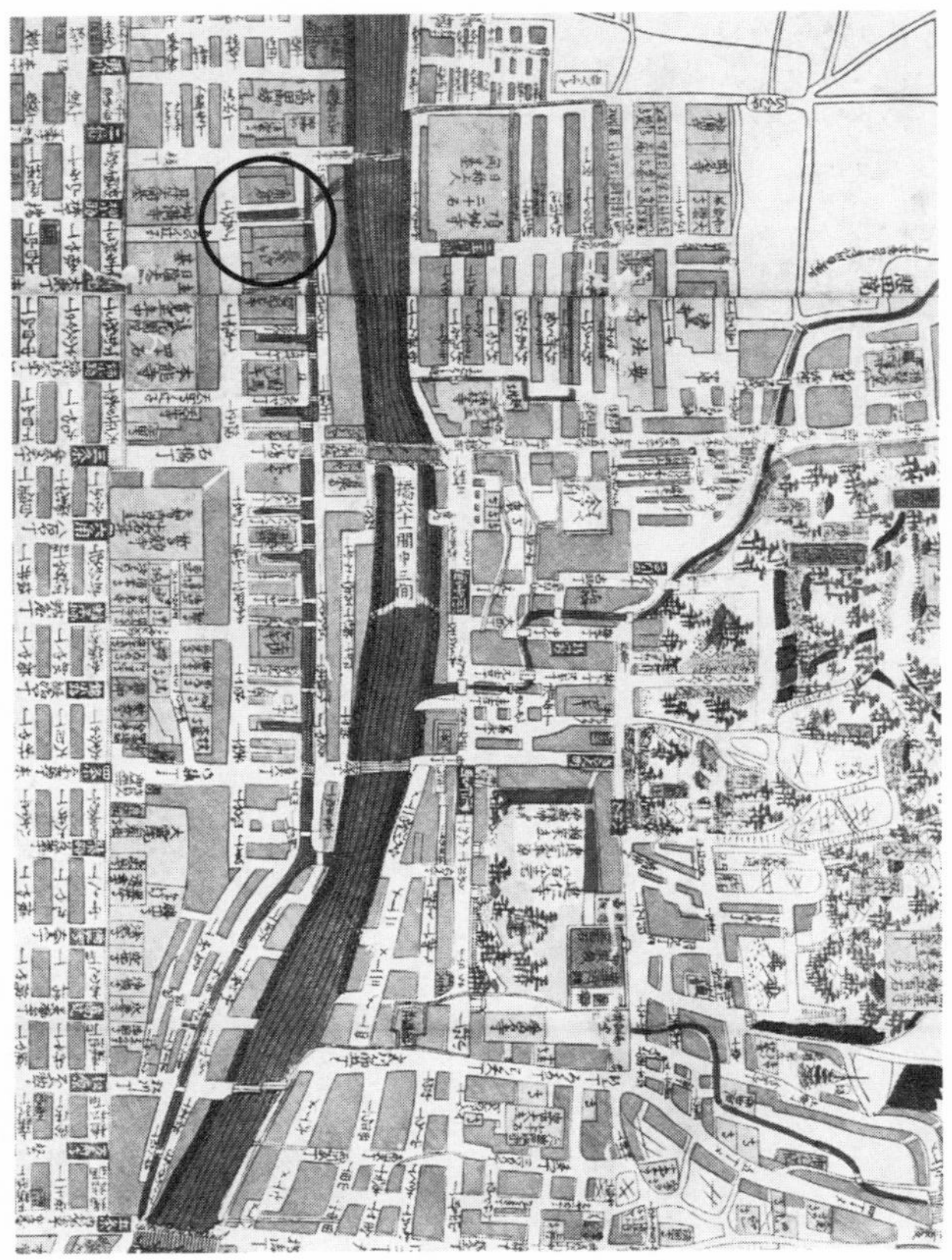

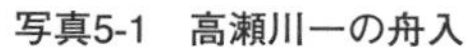

写真5-1　高瀬川一の舟入

置を認められ、伏見にも番所を設置して水運を管理した。

図5－11には、高瀬川に沿って、西方へと張り出した水面が六カ所描かれている。一番北のものがやや深く、現在も残る一之舟入（囲み部分、写真5－1）だ。舟入は二条・五条間に計九カ所設けられたが、同図に表現されているのは六カ所である。いずれにしても、舟入とは船着き場に他ならない。九カ所もの舟入は、二条・五条間が運河の港津だったことを意味する。

なかでも三条付近は、主要街道の出入り口だったのみならず、高瀬川（運河）によって伏見で淀川水運と結びついていたことになる。水陸共に、京都で最重要な交通要衝だったことが知られる。

高瀬川は非常に水深の浅い運河だが、荷を積んだ平底の高瀬舟は、綱をかけられ、数人がかりで曳かれて遡上した。片側に設けられた道（現在の木屋町通）が曳き手の通路だった。高瀬舟は、伏見一一〇艘、京都四九艘（元五〇艘）の多数にのぼり、高瀬川は極めて重要な水運ルートだった。

高瀬川のみならず、南の淀川には淀が、西の琵琶湖には坂本・大津があり、京都への水運の港津だったが、そこから市街へは陸路を経由した。

西の桂川も水運に利用されたが、やはり市街からはやや離れていた。時期は遅れるが、幕末の文久三年（一八六三）から運河（西高瀬川）の工事が始まり、明治三年（一八七〇）に完成した。

内陸の京都もまた、陸上交通のみならず水運をも重要な交通手段として備えていたことになる。

港湾とつながる都市

京都へは、淀川・高瀬川のほかに、琵琶湖の大津や坂本から陸路を使い、峠を越えて物資が運び込まれたことをすでに紹介した。このルートの起源は古代にさかのぼる。

平安京以来、日本海側の北陸道（出羽国も、元は北陸道の越後国の一部が母体）や山陰道の諸国からの物資は、日本海の水運によっていったん敦賀か小浜に着き、そこで陸揚げされて、陸路を湖北の塩津や、湖西の木津（こつ）・今津などへと運ばれた。そこから再び水運によって琵琶湖を縦断し、大津・坂本へと運ばれた。しかしこのルートは積み替えが必要であり、途中で陸路を使用することもあって、大量の物資輸送には煩雑な作業が避けられなかった。

近世に入って、まず鳥取藩や加賀藩が、日本海の西廻りで瀬戸内海を経由し、直接大坂へと米の海上輸送を行ったことが知られる。寛文一二年（一六七二）には幕府の命を受けて、河村瑞賢が西廻りの航路を確立した。この年、出羽国酒田港からの江戸廻米を、危険が多く不安定な東廻りでなく、安全性の高い西廻りで実現したという。

瑞賢は、海路の危険箇所や寄港の利便を調査して航路と寄港地を定め、各地に番所を設けて輸送の安全を図るなどの整備・刷新を行った。この西廻り航路はやがて蝦夷地（北海道）にまでおよび、北前船と呼ばれる海運が盛んになった。

日本海沿岸の各地へ衣服（古着中心）・煙草・紙・蠟燭・砂糖などを、蝦夷地へは、途中で仕入れた米・酒・塩・藁製品などを運び、蝦夷地からの帰り荷には昆布・ニシン・干鰯（ほしか）（肥料用）などをもたらした。

特徴的なのは、北前船の船主が商品を買って積み込む、「買い積み廻船」と呼ばれる方式が基本となったことだ。多くの場合、衣服・煙草・紙・蠟燭・塩・砂糖などを畿内・瀬戸内沿岸で買い付け、それらを日本海岸の寄港地で売却し、一方で米・酒などを購入して積み込んだ。米の取れなかった蝦夷地には、それらを運んで売却し、また昆布・ニシン・干鰯などを畿内・近畿にもたらした。畿内では、だしや食品としての昆布・ニシン、盛んになっていた綿作用をはじめとする農業用の肥料などを入手したことになる。

日本海側の寄港地（河口港が多い）では、これらの商品を買って上流域の平野へ売りさばき、地元産の米・酒などを北前船に卸した。新潟はすでに述べたようにこのルートの典型的な港湾都市だが、日本海沿岸には北前船との取引を中心として都市が発達した例が多かった。大坂の蔵屋敷での米取引や、各種商品の売買の重要基盤もまた、この西廻りの航路だった。大坂で三十石船に積み替え、分岐した水運の先端は淀川をさかのぼり、さらに高瀬舟によって高瀬川を経て京都にまで達していたことになる。

航路としての西廻りは大坂からさらに江戸へと向かうが、江戸・大坂間の廻船は、菱垣廻船と樽廻船の二グループがよく知られている。

なお、北前船は近代に入っても盛況を呈した。多くの都市にとって物流を担う水運は、街道に劣らず不可欠な交通手段だった。

変化してきた国土の構造

これまで古地図の表現や新旧の地形図・地形条件などから、宮や都および城郭の移動を始め、位置・立地やその変化について確認してきた。さらに、城下および多様な都市と陸上・水上交通とのかかわりをめぐる検討も加えた。その結果、これらの立地の多様性とともに、その変化がとりわけ著しかったこと、また、城下を含む多様な都市の規模や構造が、とりわけ強く水陸交通とかかわっていたことについても、改めて確認することができた。

これらの変化が、国土の構造をも変化させてきた。確認してきた状況の概要を振り返っておきたい。

まず古代の宮や都だが、大きな転換点の一つは、七世紀中ごろの天智天皇（中大兄）の時期だった。すでに五世紀ごろ、日本は外交に乗り出し、中国の史書に登場するようになっていた。七世紀中ごろ、中大兄は難波の宮から百済をめぐる戦乱に出兵し、敗戦に帰した。その結果、いくつもの逃げ城（朝鮮式山城、古代山城）を建設し、さらに宮を、内陸の琵琶湖畔に設けた大津宮へと遷した。すでに難波宮には、四至で限られた畿内が設定されていたが、大津宮の畿内は、規模がこれとほぼ同じであるものの、三関（げん）と山城（高安城）に画された、唐風の畿内（関内、軍事的な畿内）だった。

このころまで、天皇の宮はしばしば移動した。しかも政治的中枢は、天皇の宮処に集中した状況ではなかった。時々の天皇の宮は政治中枢ではあるが、中枢機能の一部でしかなかった。空間的にみて、外交は瀬戸内海に面した難波に、また政治中枢を構成すべき主要豪族の居館は、それぞれの基盤となる飛鳥などの地にあって、散在的な立地となっていた。

天武天皇（大海人）は、散在的な政治中枢を集中的な政治中枢へと再構成しようとした。位階制度を再編したことも政治構造を強化しようとする側面があったとみられ、また道・国の地域制度（七道と各道の国々）を発足させた。

続く持統天皇（天武の皇后、天智皇女）によって、天武時代から構想されていた飛鳥西北（奈良盆地南部）の広大な都城へと遷都した。これが二つ目の転換点だが、この藤原京は集中的な中枢としての実態は未成熟だった。次の都城、奈良盆地北部の平城京において集中的な中枢が完成したとみられる。

これより先、すでに天智は大津宮から、さらに内陸に宮地を探索させ、天武は遥かに内陸の信濃にまで宮地調査の手を伸ばした。都城が平城京に落ち着いたかに見えた時期になってからも、聖武天皇（天武・持統の曽孫）は北方の恭仁京や北東方の紫香楽宮（京）への遷都を実施し、一方で難波にも宮都を建設した。次の孝謙（譲位して上皇時、聖武皇女）は、さらに北方に保良京（「北京」とも）を建設して都とした。

孝謙が重祚（称徳）し、さらに光仁天皇を経て、天智の皇統とされる桓武天皇となった。桓武はまず、平城京北方の山背（城）に長岡京を造営して遷都し、ついでその東北方の平安京へと遷都した。平安京はその後、長きにわたって都（京）として続いた。

このようにしばしば行われた北への遷都、内陸への遷都の底流には、少なくとも二つの志向性があったとみられる。一つは明らかに、泉川（木津川）・淀川ないし、宇治川（上流は瀬田川）・琵琶湖という内陸水運への接近で、もう一つは天智の大津宮の故地（志賀山寺があった）へと近接する方向だったともみられることだ。

また、この頻繁な宮都の移動と都城への集権が進行した時期には、一方で官道と港津が整備されて、都城を中心とした水陸交通と貢納体制、および国々とその行政体制が構築された。この時期に、律令国家の国土構造が確立したことになろう。

しかし、律令体制が機能しなくなった後、武家政権が成立して平氏が平安京東郊の六波羅により、ついで源氏が鎌倉に幕府を開くと、武家の居館が政治の中心となった。

室町時代において、幕府は京に開かれたが、武家中心の政治構造は変わらなかった。京・鎌倉の居館や幕府（御所）、さらに室町（京）の幕府（御所）のみならず、各地の守護や有力者の居館にも、方形の築地塀で囲まれた平地の居館が多かった。

力を拡大した守護大名の中には、貿易に乗り出したものがあり、自らキリシタンになるものも出現した。ヨーロッパ世界から見た日本は、都とこれらの貿易港並びに守護大名の支配地からなる構造として、映っていたとみられる。

一方すでに南北朝期ごろから、戦闘に備えて山城が築かれることが多くなっていたが、中には平地居館と中世山城のセットの場合も出現し、多様な展開を示しつつ戦国期にまで続いた場合があった。中世の山城様式の城郭は戦国期にかけて増加し、やがて山腹に一族や家臣の屋敷群を構える場合も出現した。信長はこれをさらに、天守と石垣からなる構造へと進化させた。

ところが豊臣政権が成立したころから、城自体が山城から平山城や平城へと変わった例が多く、江戸時代になると、それらが主流となった。近世の平山城や平城は、周囲の城下に家臣団の侍屋敷地区と町屋地区を配置している場合が多かった。堀と石垣、矢狭間・鉄砲狭間を備えた塀と、櫓・天守閣からなる城郭は威容を誇った。

この威容はまず、領域支配の中心としての機能を際立たせたものだった。さらに城下の街道沿い、および街道と接続した街路沿いの町屋地区が、領国の経済中心として機能した。

近世の街道は江戸を中心に再編されて、宿場も整備された。街道には、古代の官道以来のルートを踏襲した場合も、そうでない場合もあった。城下だろうとなかろうと、臨海の都市には港津が付随し、水運を担った。西廻り航路など、そのための沿岸航路も整備された。内陸の河川沿いでも同様であり、河川をそのまま利用するにとどまらず、そのための運河を開削した例も珍しくなかった。

近世の国土においては、江戸が巨大な都市として新たな中心となる一方、大坂と京がこれに次ぐ大都市となり、経済・文化の中心として機能した。江戸・大坂・京の三都からなる中心・副中心を国土の核とし、これらと水陸の交通で結ばれた各地において、城下の都市および港湾都市などが展開する構造へと変化していた。

おわりに

本書で追跡したのは、まず古代中世における国土の基本構造の形成とその後の大きな変化だった。近世においては、江戸が巨大な都市として国土の中心となる一方、大坂と京がこれに次ぐ大都市であり、経済・文化の中心として機能していた。近世の国土は、この三都からなる中核ネットワークと、これらと水陸の交通で結ばれた各地に、城下の都市および港湾都市などが展開する構造だった。

「はじめに」で述べたように、幕末の倒幕と明治維新の主力となったのは薩摩・長州・土佐・佐賀の四藩で、長崎もまたその営力の源だった。それらの位置と動向は、右に述べた近世の国土構造を基礎としたものだった。

小著では、その結果である明治維新以後（近代）の構造変化に触れることができなかったが、おそらくいくつかの新たな要素が大きくかかわって来たと想定される。

一つは、交通手段が大きく変化したことだろう。水陸の交通体系そのものはすぐには変わらなかったが、これが大きな影響を及ぼしたと思われる。馬車の利用が急速に広がり、やがて蒸気の列車が導入された。海路における蒸気船の導入も陸路と同様に大きな転機だった。これらの新しい交通手段は、何より時間距離を短縮し、国土の構造を緊縮した。これには、電車の導入や自動車の出現が加わって、さらに多くの変化をもたらした。

これらに加えて、近代の集権国家の構造は、東京（江戸）への政治・経済・文化など多様な機能の集中を促した。すでに巨大中心だった東京への集中を加速し、東京のさらなる巨大化を促進した。現在の一極集中と称される構造への出発点でもあった。

今一つの要素は、歴史的な国土認識の中へと、最後に姿を現す蝦夷地（北海道）の開拓の進行だろう。北海道開拓はまさしく実質的な国土の拡張であり、国土構造の全体にとっても大きな要素として加わったことは確かだろう。もちろんこのほかにも、構造変化の要素・要因は多い。

これらに触れる時間的余裕が、筆者に残されているかどうかはわからないが、変化の速度自体は大きく加速していったと考えられる。

とはいえ、すべての歴史的な事象が位置や地形に規定されているわけではない。また、古地図や新旧の地形図を分析することによって、すべてが判明するわけでもない。

この古地図や地形図を分析する方法は、「はじめに」で述べたように、歴史地理学の基本的な研究法であり、最初にまず試みるべき初歩的・基礎的な手法でもある。かつて活躍した歴史上の人々もまた、宮都や城郭を築き、あるいは都市をつくる際には、それまでの経過や、位置・地形などの条件をふまえて行動したり、それらの条件に規制されていたりしたはずだ。

つまり、時間（歴史的経過）と空間（地理的な位置や地形条件など）が同時に作用していたことになる。ただ、このように歴史と地理が同時に作用していたと表現すれば、やや不可思議に思われる読者がおられるかもしれない。近代科学での両者は理論的に別概念だが、それと同様に実際にも時間と空間が全く別の事象だと考えるとすれば、だ。

しかし、近代科学として歴史学と地理学が別の学問とされる以前には、歴史と地理は極めて近い視角であり、古代中国や古代ヨーロッパの古典的な史書でも、この二つは強く関連する見方であり、多様な事象の両面だった。この見方の有効性は、近代科学成立の後においても実際に、また完全に失われたわけではない。小著はその原点に立脚した歴史地理学の視角による試みでもある。

とはいえ小著では、歴史地理学そのものについて特に言及してこなかった。最近では、拙著『地形と日本人――私たちはどこに暮らしてきたか』(日経プレミアシリーズ、二〇二〇年)において、歴史地理学について一章を割いて説明した。関心のある読者はご参照いただきたい。

この試みが成功しているかどうかは心もとないが、読者諸賢の思考に新たな見方を提供することができれば、著者として幸いこの上ない。

なお小著は、日経BP・日本経済新聞出版本部の桜井保幸さんからのお勧めをきっかけとして執筆した。また、いろいろなアドバイスをも得た。地図制作に協力いただいたマーリンクレインの担当の方にもお礼を申し上げたい。

二〇二一年初夏　　　二条烏丸の書斎にて

金田章裕

参考文献

第1章

虎尾俊哉『班田収授法の研究』吉川弘文館、一九六一年

秋岡武次郎編著『日本古地図集成』鹿島研究所出版会、一九七一年

中村拓監修『新装版　日本古地図大成』講談社、一九七二年

織田武雄『地図の歴史』講談社、一九七三年

織田武雄・室賀信夫・海野一隆編『日本古地図大成　世界図編』講談社、一九七五年

船越昭生『北方図の歴史』講談社、一九七六年

室賀信夫『古地図抄―日本の地図の歩み』東海大学出版会、一九八三年

南出真助「古代荘園図と中世荘園絵図」、金田章裕・石上英一・鎌田元一・栄原永遠男編『日本古代荘園図』東京大学出版会、一九九六年

金田章裕『古代荘園図と景観』東京大学出版会、一九九八年

京都大学附属図書館編・刊『近世の京都図と世界図』二〇〇一年

川村博忠編『寛永十年巡見使国絵図　日本六十余州図』柏書房、二〇〇二年

国絵図研究会編『国絵図の世界』柏書房、二〇〇五年

青山宏夫『前近代地図の空間と知』校倉書房、二〇〇七年

京都大学大学院文学研究科地理学教室・京都大学総合博物館編『地図出版の四百年』ナカニシヤ出版、二〇〇七年

藤井譲治「二つの正保日本図」、藤井譲治・杉山正明・金田章裕編『大地の肖像―絵図・地図が語る世界』京都

大学学術出版会、二〇〇七年
金田章裕『大地へのまなざし―歴史地理学の散歩道』思文閣出版、二〇〇八年
金田章裕・上杉和央『日本地図史』吉川弘文館、二〇一二年
米家志乃布『近世蝦夷地の地域情報―日本北方地図史再考』法政大学出版局、二〇二一年

第2章

西岡虎之助『荘園史の研究上巻』岩波書店、一九五二年
高木市之助・五味智英・大野晋校注『萬葉集　二』（『日本古典文学大系』）岩波書店、一九五七年
倉野憲司校注『古事記』岩波文庫、一九六三年
坂本太郎・家永三郎・井上光貞・大野晋編『日本書紀』上、下（『日本古典文学大系』）岩波書店、一九六七年、一九六五年
滝川政次郎『京制並に都城制の研究』角川書店、一九六七年
村井康彦『古京年代記』角川書店、一九七三年
足利健亮『日本古代地理研究』大明堂、一九八五年
岸俊男『日本古代宮都の研究』岩波書店、一九八八年
滝波貞子『日本古代宮廷社会の研究』思文閣出版、一九九一年
直木孝次郎編『難波　古代を考える』吉川弘文館、一九九二年
礪波護「唐代の畿内と京城四面関」唐代史研究会編『中国の都市と農村』汲古書院、一九九二年
金田章裕『古代景観史の探究―宮都・国府・地割』吉川弘文館、二〇〇二年
小澤毅『日本古代宮都構造の研究』青木書店、二〇〇三年
金田章裕編『平安京―京都――都市図と都市構造』京都大学学術出版会、二〇〇七年

藤堂明保・竹田晃・影山輝國（全訳注）『倭国伝　中国正史に描かれた日本』講談社学術文庫、二〇一〇年
仁籐敦史『都はなぜ移るのか―遷都の古代史』吉川弘文館、二〇一一年
金田章裕『古代・中世遺跡と歴史地理学』吉川弘文館、二〇一一年
日下雅義『地形から見た歴史―古代景観を復原する』講談社学術文庫、二〇一二年
小笠原好彦『聖武天皇が造った都』吉川弘文館、二〇一二年
金田章裕『古地図で見る京都―『延喜式』から近代地図まで』平凡社、二〇一六年
金田章裕『古代国家の土地計画』吉川弘文館、二〇一七年
京都学研究会編『京都を学ぶ（南山城編）』ナカニシヤ出版、二〇一九年

第3章

奥野高廣『織田信長文書の研究上巻』、吉川弘文館、一九六九年
矢守一彦『都市図の歴史―日本編』講談社、一九七四年
矢守一彦『都市図の歴史―世界編』講談社、一九七五年
金田章裕『古代日本の景観―方格プランの生態と認識』吉川弘文館、一九九三年
高橋誠一『日本古代都市研究』古今書院、一九九四年
鎌倉考古学研究所編『中世都市鎌倉を掘る』日本エディタースクール出版部、一九九四年
千早赤阪村教育委員会『国史跡千早城跡・楠木城跡・赤阪城跡保存管理計画書』同村刊、二〇〇〇年
小野正敏（編集代表）『図解・日本の中世遺跡』東京大学出版会、二〇〇一年
蝦夷研究会編『古代蝦夷と律令国家』高志書院、二〇〇四年
山村亜希『中世都市の空間構造』吉川弘文館、二〇〇九年
大宰府史跡発掘五〇周年記念論文集刊行会編『大宰府の研究』高志書院、二〇一八年

九州歴史資料館編『大宰府と多賀城　大宰府史跡指定一〇〇年記念フォーラム』福岡県教育委員会、二〇二〇年

第4章

原田伴彦・西川幸治編『日本の市街古図（西日本編）』鹿島研究所出版会、一九七二年
原田伴彦・西川幸治編『日本の市街古図（東日本編）』鹿島研究所出版会、一九七三年
矢守一彦『都市図の歴史―日本編』講談社、一九七四年
児玉孝多監修、原田伴彦・矢守一彦編『日本城下町繪圖集九州編』昭和礼文社、一九八五年
福井県編・刊『福井県史　資料編16上　絵図・地図』、一九九〇年
高橋康夫・吉田伸之・宮本雅明・伊藤毅編『図集　日本都市史』東京大学出版会、一九九三年
金沢市史編さん委員会編『金沢市史　資料編18　絵図・地図』金沢市、一九九九年
小野正敏（編集代表）『図解・日本の中世遺跡』東京大学出版会、二〇〇一年
彦根市史編集委員会編『新修彦根市史 第10巻（景観編）』彦根市、二〇一一年
佐賀県教育委員会編・刊『佐賀県の中近世城館（第2集、各説編1）』二〇一三年

第5章

村上直次郎訳『耶蘇会士日本通信　上巻』聚芳閣、一九二七年
京都市編『京都の歴史4　桃山の開花』学芸書林、一九六九年
原田伴彦・西川幸治編『日本の市街古図（西日本編）』鹿島研究所出版会、一九七二年
原田伴彦・西川幸治編『日本の市街古図（東日本編）』鹿島研究所出版会、一九七三年
矢守一彦『都市図の歴史　日本編』講談社、一九七四年

金田章裕編『平安京—京都　都市図と都市構造』京都大学学術出版会、二〇〇七年
古板江戸図集成刊行会編『古板江戸図集成第二巻』、中央公論美術出版、二〇〇一年
脇田修監修、小野田一幸・上杉和央編『近世刊行大坂図集成』創元社、二〇一五年
金田章裕『古地図で見る京都—『延喜式』から近代地図まで』平凡社、二〇一六年
金田章裕『景観からよむ日本の歴史』岩波新書、二〇二〇年
京都学研究会編『京都を学ぶ（洛東編）』ナカニシヤ出版、二〇二一年

金田章裕 きんだ・あきひろ

1946年富山県生まれ。博士（文学）。京都大学名誉教授。京都府立京都学・歴彩館館長。京都府公立大学法人理事長。砺波市立砺波散村地域研究所所長。専門は人文地理学、歴史地理学。69年京都大学文学部卒、74年同大学大学院文学研究科博士課程修了。94年同大学文学部教授、01年副学長、04年理事・副学長、08年大学共同利用機関法人・人間文化研究機構機構長を歴任。著書に『微地形と中世村落』『古地図からみた古代日本』『大地へのまなざし』『文化的景観』『古地図で見る京都』『景観からよむ日本の歴史』『地形と日本人』ほか多数。

日経プレミアシリーズ｜467

地形で読む日本

二〇二一年一一月　八日　一刷
二〇二一年一一月二二日　二刷

著者　金田章裕
発行者　白石 賢
発行　日経BP
日本経済新聞出版本部
発売　日経BPマーケティング
〒一〇五―八三〇八
東京都港区虎ノ門四―三―一二
装幀　ベターデイズ
組版　マーリンクレイン
印刷・製本　凸版印刷株式会社

ISBN 978-4-532-26467-3　Printed in Japan